党亚爱

成长的智慧

心理医生说给中学生的悄悄话

编委会

主审：党亚爱　吴胜伟　党　玉

顾问：黄兴兵　宁玉萍　彭建玲

　　　于　林　郝红伟　马利军

　　　王德贤　黄　雄　李　嘉

　　　余　敏　陈翠薇　黄丽红

广东高等教育出版社

Guangdong Higher Education Press

·广州·

图书在版编目（CIP）数据

成长的智慧：心理医生说给中学生的悄悄话/党亚梅，徐文军，江妙玲著. —广州：广东高等教育出版社，2024.6

ISBN 978-7-5361-7658-4

Ⅰ.①成… Ⅱ.①党… ②徐… ③江… Ⅲ.①中学生－心理健康－健康教育 Ⅳ.① G444

中国国家版本馆 CIP 数据核字（2024）第 070396 号

CHENGZHANG DE ZHIHUI：XINLI YISHENG SHUO GEI
ZHONGXUESHENG DE QIAOQIAOHUA

出版发行	广东高等教育出版社
	地址：广州市天河区林和西横路
	邮编：510500　　营销电话：（020）87551436
	网址：www.gdgjs.com.cn
印　　刷	广东信源文化科技有限公司
开　　本	787 毫米 ×1092 毫米　1/16
印　　张	11. 25
字　　数	170 千
版　　次	2024 年 6 月第 1 版
印　　次	2024 年 6 月第 1 次印刷
定　　价	40. 00 元

青少年的心灵陪伴者

近年来，党和国家加快推进开展青少年心理健康建设工作的步伐。2021年7月，教育部办公厅印发《关于加强学生心理健康管理工作的通知》，明确对高校、中小学专职心理健康教育教师数量的要求，并加大心理健康教育教师培训力度；2022年，教育部提出将"全面促进学生心理健康发展"作为2023年工作要点；2023年2月，国家卫生健康委员会答复儿童心理健康建议，表示要开展抑郁症筛查预警，将与教育部等部门密切配合，开发更适用于中国儿童青少年的心理健康状况筛查工具并建立使用标准，以及培训认证专业心理健康测评人员；2023年4月，由教育部、最高人民检察院、中央宣传部、中央网信办、国家卫生健康委等十七个部门联合印发了《全面加强和改进新时代学生心理健康工作专项行动计划（2023—2025年）》，计划重点之一为组织编写大中小学生心理健康读本，扎实推进心理健康教育普及。党和国家正呼吁全社会共同关注儿童青少年的心理健康，积极推动心理健康工作的系统性、协同性的进步。

随着社会竞争加剧、学习压力增大，青少年抑郁成为常见的社会现象。根据《2022国民抑郁症蓝皮书》，目前我国患抑郁症人数将近 5 000 万人，18 岁以下抑郁症患者占 30.28%。抢在青少年心理问题愈发严重之前，国家和社会层面正尽力构建完善的心理健康工作体系，完成干预防治布局，为存在心理健康困扰的青少年提供充足的社会支持。作为一名心理健康工作者，能做些什么来保障花季少年们的健康成长呢？或许可以从个体层面着手，"助人自助"，帮助儿童青少年习得帮助自己心理成长的能力。

广州医科大学附属脑科医院党亚梅等医生将多年的青少年临床心理治疗工作经验成文付梓，我有幸得以先行浏览文稿，读罢不禁感叹党亚梅等医生作为"青少年的心灵陪伴者"之赤诚与坚定，作为心理健康工作者之专业与细致。

这本《成长的智慧——心理医生说给中学生的悄悄话》不失为出色的青少年心理健康读本，内容全面、理论扎实、剖析深入、措施可行。一方面，涵盖了青春期必须面对的成长任务：发展自我同一性、发展同伴人际关系、与异性良好互动、充分了解家庭、完成学业；另一方面，基于西方心理学理论（如心理动力学与自我心理学）及中国传统文化背景（儒、释、道、中医），深入地剖析各类问题的内外成因、常见的错误行为选择及原因，最重要的是列举了可行的应对措施，为青少年提供较为全面的认知视角以及正向的思想、行动引导。青少年的家长、关注青少年心理的心理健康工作者亦能从此书中汲取营养，通过阅读本书拓宽看待青少年心理问题的视角，有的放矢地开展心理教育及提供心理健康支持。

人生路上，最是难得真心人，愿做指路的灯塔为你我照亮一程。自小学到高中，大多数青少年每天身处两个环境中：学校和家庭；每天面对三类人：老师、同学、家人。由于环境和人际关系十分有限，加上生活经历有限，难免在看待问题时视角受限，易出现思维黏滞，缺乏分析和解决问题的灵活性与预见性。独自摸着石头过河，固然是一种成长路径，只是免不了要磕碰跌跤，看不清前路。而有些弯路，实际上可以通过阅读有益书籍和听取他人经验等间接途径来认识和避免。如心理篇的话题八带领读者认识青少年抑郁症发作的特点及众多病因，让读者迈入接纳"青少年可能会出现抑郁症"的认知门槛。接下来的话题九进一步探讨了青少年抑郁症的常见诱发因素，并提到"人处困境时，可以容许自己有一个暂时停下脚步休整的机会，但必须把时间限定在一定范围内，之后就要自己拯救自己"，随后将青少年抑郁发作后或出现抑郁情绪后的全方位"自救"应对措施娓娓道来，且措施的可操作性较强。阅读过程中，屡屡感受到作者对青少年秉持着温柔而坚定的态度，鼓励他们去了解成因、接纳自己、行动起来。而书中内容一如本书的副标题"心理医生说给中学生的悄悄话"，无不反映出作者愿做青少年的心灵陪伴者和行动支持者。

此书不仅包括党亚梅等医生多年的青少年临床心理治疗经验，还融合了他们的人生经验：分享苦难的意义，告诫青少年要树立大局观，避免人生的心理陷阱，如何选择人生道路……读到其他篇之话题四"人要活在一定的高度之上"，介绍了人生的六大心理陷阱：在还没有能力解决问题的时候愤世嫉俗，探索人性和生命的意义，情绪陷阱，刨根问底，临门一脚的停顿以及和原生家庭纠缠。这些陷阱多为个人的执念，若试图寻找完美答案，就可能将自己拉入无休止的提问、回答、肯定、否定的循环中，只需要找到能让自己更有希望、更积极向上的观点；面对在框架内必须完成的事情，不必犹豫是否要执行，而是按部就班地执行；通过原生家庭了解自己，但不与原生家庭纠缠，而要把目光盯在如何不断完善自己上；绕开这些陷阱，把自己当成生命的体验者，不追问意义，而去倾听自己内心的感受，让心灵轻松自在。

书中多是如此言真意切的提醒和建议，可谓字字珠玑，哪怕是青年人看来也不免感到醍醐灌顶。但是，一如作者所言，此书仅代表作者的观点，切勿作为行动的绝对指南。一代人，无论是父母、老师还是作者，都有自己的认知局限性。各人在前辈智者的引导下，仍需自己经历世事，亲身感悟生命中的乐与苦、喜与怒，闯出一番天地来。

真诚地将此书推荐给青少年朋友，无论你是否在为成长而烦恼，相信此书都能为你理性看待青春期的变化提供丰富的视角，为你内心注入能量，为你一生的成长提供心理支持。

马利军

广州中医药大学公共卫生与管理学院教授、中医心理学博士生导师

2024 年 1 月 6 日

听听我的悄悄话

人类存在的唯一目的，是在纯粹的自在的黑暗里点亮一盏灯。

——荣格

亲爱的青少年朋友们：

"进则救世，退则救民；不能为良相，亦当为良医。"这是东汉末年被称为"医圣"的张仲景的名言。官至太守的张仲景，敢于在做官期间想办法给百姓看病，并写出了传世巨著《伤寒杂病论》，其确立的"辨证论治"原则，是中医学治病救人技术的灵魂。张仲景之所以如此出色，来源于以下两点：一是他饱览群书。读书就是一个"启智"的过程，在学习的过程中，人的智商和情商得以快速发展，最终得以拓展。二是他才思缜密，宅心仁厚，拥有一颗悲悯之心。他亲身经历、目睹了疾病、瘟疫等给人们带来的灾难和痛苦，对世人有强烈的悲悯之心，就如古人所言："德不近佛者不可以为医，才不近仙者不可以为医"。成为一位名医，更需要德才与能力兼备。

当今之中国少年，在学习、人际交往方面面临的压力很大，同时又身处人格苏醒的关键时期，寻找生命的意义，寻找人生的方向、寻求身份的认同等，很多的困难、困惑接踵而至，时代逼迫着每个孩子不停息地往前冲，没有在闲庭信步中好好整理自己心灵花园的机会。这本书分别从家庭篇、学校篇、心理篇、其他篇四个部分针对心理治疗临床中常见的青少年遇到的情感困惑、人际困难、人生目标、如何成长等问题，从心理学方面做较详细的分析，以期给成长中的青少年解决心理问题提供一定的参考。我深知"心如水之源，源清则流清，心正则事正"的道理，也知道"适用于一切的生活处方并不存在"，但我要尽自己的能力，为青少年的成长贡献自己的一份力量，只因为我也渴望在中国的大地上能有更多的、各行各业的"张仲景"出现，他们不只是我们国家、民族的希望，更是全人类的希望、整个地球生命的希望。我同时也知道：但凡伟大之人，皆以伟大的心灵为基础。而成就伟大心灵的，当以更为宽广的知识以及宏大的格局作为基础。

重要提示：本书的观点，只是代表作者的观点。此外，中医身心科吴升伟医生还提供了一些中医学相关的心理学知识，党玉亦从护理学方面提供了一些看法。这世上没有绝对的真理，所以，不要把这些观点作为你行动的绝对指南，它们仅供参考。心理学家荣格说："心理治疗的主要目的并不是使病人进入一种不可能的幸福状态，而是帮助他们树立一种面对苦难、哲学式的耐心和坚定。"本书是以心理宣教的方式向青少年说点"悄悄话"，达不到心理治疗的目的，也难以解决青少年众多的心理问题。但愿它成为青少年心理成长路上的一盏油灯，即使是微弱的光，也能带给你们心中的明亮，提升你们面对人生的困惑或痛苦的坚定性和忍耐度。"阅读是一座随身携带的避难所"，希望青少年因为书中所涉及的问题感到痛苦时，能在这里仔细琢磨，用心体会。

我还想代表所有的心理医生告诉你们：

当你们有需要的时候，我们都愿意做你们成长路上的心灵陪伴者。

你们不只是从属于你们自己、你们的父母，更属于这个社会。即使是本书，也是在我国华南地区最大的精神心理科医院——广州医科大学附属脑科医院以及广州市中医治未病神志病指导中心的支持下完成的。参与本书的书写、修改、绘图、编辑等所有人的目的只有一个：希望你们能健康、快乐地成长，成长为与这个社会和谐相处，并能尽你们的能力为这个社会做贡献的人才。

本着生命至上的原则，我们坚持致力于开展青少年心理教育工作。

中医名著《黄帝内经》中提出"上医治未病，中医治欲病，下医治已病"的思想，这是古代医家几千年来在预防和治疗瘟疫的过程中总结和完善的"未病先防、既病防变"的思想，是我们古代医家对于人类健康的最为智慧的贡献。今天，我们遵从这样的思想理念，希望通过传播心理学知识帮助你们减轻或消除一些心理困惑，获得心理成长。如果能将心理疾病扼杀在萌芽中，那将是我们呈现给祖辈先贤的最真诚的回礼。

感谢广州医科大学附属脑科医院黄兴兵、宁玉萍、于林等领导对本书的大力支持；感谢广州市中医治未病神志病指导中心，我所在的门诊部黄雄、吴福喜主任以及其他同事，我的大学母校老师郝宏伟、马利军以及我的家人对我写作的支持；感谢我在大学教书的妹妹党亚爱以教师的身份一如既往地像对待我前两本书一样，认真阅读、修改，提出意见和建议；感谢广东高等教育出版社的支持！

感恩所有的遇见……

谨以此书，呈献给我在天堂的父亲，那个永远相信他的女儿能把想做的事情做好的人！

党亚梅

2023 年 11 月于广州

目　　录

家庭篇

话题一　人类成长的摇篮——家庭／2

话题二　怎样看待家庭背景的不同／7

话题三　关于重男轻女／11

话题四　父母的二胎、三胎／16

话题五　如何看待父母吵架／19

话题六　关于家庭会议／23

话题七　为何要做家务／27

学校篇

话题一　中学生校内人身安全问题／32

话题二　关于校园霸凌／36

话题三　转学与休学／42

话题四　偏科问题与考试焦虑／46

话题五　班级管理／51

心理篇

话题一　人类的情绪／58

话题二　人生的意义／62

话题三　人生的苦难／67

话题四　成功与失败／71

话题五　关于爱情／75

话题六　关于同性恋／80

话题七　人的性心理发展／84

话题八　青少年抑郁症发作的特点和发病原因／88

话题九　青少年抑郁症的诱发因素和应对措施／94

话题十　关于自杀自伤／99

话题十一　不能忽视的一种情绪：愤怒／104

话题十二　青少年的心理成长／108

话题十三　青春叛逆期／112

其
他
篇

话题一　关于人际关系 / 118

话题二　结交朋友 / 123

话题三　格局与潜能 / 127

话题四　人要活在一定的高度之上 / 132

话题五　正确的人生道路 / 136

话题六　谈谈电子游戏 / 141

话题七　关于偷窃 / 145

话题八　运动与健身 / 149

话题九　中学生校外人身安全问题 / 154

话题十　浅谈中国人的信仰和传统文化 / 159

结束语　做一个伟大而真诚的平凡人 / 163

家 庭 篇

人类成长的摇篮——家庭

要了解一个家庭，首先要明白一个家庭的架构、家庭成员之间的关系、家庭成员的家庭位置、家庭各成员的职责，另外，还要了解家庭的功能。

一 家庭的架构

由一对夫妻和他们的孩子组成一个小家庭，但完整的家庭由祖辈、父辈和孩子共同组成。

家庭是组成人类社会的最小单位。每一代人都要承担赡养上一代的责任和抚养下一代的责任，这是家庭的要求，也是社会对于家庭的要求。

二 家庭成员之间的关系

关系的重要性层次取决于家庭的主要任务：兴旺家庭，为老人养老送终，养育孩子长大成人。

第一关系是父母之间的夫妻关系；

第二关系是父母和子女之间的关系；

第三关系是父母和祖父母之间的关系；

第四关系是祖父母之间的关系，他们各自与儿子、儿媳之间的关系；

第五关系是祖父母和孙子女之间的关系；

第六关系是子女之间的关系。

三 家庭成员的家庭位置

家庭中每个个体人格平等，但是成员间有着长幼顺序和权威大小之分，不能越界和放纵。

长辈：指祖父母及父母。无条件被后辈尊重和孝敬，与他们的社会地位以及给家庭做了多少贡献无关。

哥哥姐姐：依据"长者为大"这种家庭里的传统思想以及承担"护幼"的责任、社会的秩序需求，先进入到家庭中的子女被尊称为哥哥、姐姐。

弟弟妹妹：因为从小被"护幼"，弟弟妹妹需要关注长辈兄姊在此过程中形成的付出、掌控的习惯性行为，容易影响自己的思维及行为的独立性发展。需要培养自主性，特别是在和同辈相处中，尊重哥哥姐姐的同时也要有自己的底线，保持自我发展的独立性。

四 家庭各成员的职责

家庭成员需要各就各位，各司其职。

1. 祖父母

（1）重点：照顾好自己的身体是最主要的任务，也是对于儿女管理家庭的最大贡献。

（2）如果还在这个家庭，就要退出家庭的管理者舞台。

（3）在能力范围内辅助子女建设自己的家庭。

（4）禁忌：不能凌驾于小夫妻权力之上或者插足小夫妻之间评头论足。

2. 父母

（1）重点：上孝敬父母，下教养孩子，维护家庭的正常运转。

（2）要留有足够的时间和精力维护夫妻之间的感情。

（3）共同承担家庭经济发展和情绪稳定的双重责任。

（4）禁忌：切勿将家庭经济责任、抚养责任、家务劳动等重担都挤压给其中一方，另一方甩手不理。

3. 子女

（1）重点：锻炼身体，注意饮食，身体成长为第一。

（2）学习知识和技能，为长大后在社会上获取立足之地打好基础。

（3）管理好自己的内务，处理好和其他兄弟姐妹的关系，尽量减少父母教养孩子的负担。

（4）发展一项或多项课外兴趣，以作为一生的可以调节情绪、提高生活乐趣的项目。

（5）兄弟姐妹之间在成长过程中会相互"镜映"（学习和纠错），也会相互竞争（得到家庭或家族的关注和爱）。在竞争的过程中，他们会发展出各自不同的个性和习惯。

（6）禁忌：切勿插足在父母之间，和父母一方关系亲密，排挤另一方。另外，假如父母有过错，子女可以教育父母，但是没有权利惩罚父母；即使父母做出有害于国家、民族利益的事情，也只有国家有权利惩罚他们。子女只有以子女的身份礼待父母的责任和义务。

五 家庭的功能

（1）家庭是家庭成员可以放松身心的、彼此间可以给予和享受爱的、被包容的地方。如果希望父母在一天繁忙的工作结束后回到一个充满爱和包容、接纳的家，青少年就尽量做好自己分内的事情，在自己能力范围内帮父母分担家务，让家成为每个家庭成员爱的港湾。

（2）家庭会存在着偏爱。社会总是眷顾那些懂规矩并遵守规矩的、能说会道的、聪明伶俐的、对社会奉献大的、会高唱赞歌的人。家庭里的长辈也会偏爱讨他们喜欢的孩子，不只是关注和爱，甚至在财产分配上也偏向于喜欢的孩子。这是父母的家，或者是他们传承自祖父母的、现在则属于他们的家，是每个孩子的原生家庭。在这个家庭里，孩子有权利向父母申诉自己的不公平待遇，但是不能左右父母的意志。

（3）家庭是孕育和产生梦想的地方。有机会可以邀请自己的父母谈谈他们曾经的或者当下的梦想，也可以和父母分享自己的梦想，以获得他们的支持。如果父母太过看重孩子的学习成绩而且很焦虑，那可能是他们把自己未竟的梦想投射到孩子身上。保持理智，不要让父母的情绪影响自己。

（4）家庭也是孩子不得不接受的命运。家塑造孩子的个性、智商、情商、体魄等，特别是在孩子成年之前。尽管孩子会很努力，但还是只能被动接受很多来自家庭的影响，被动接受来自父母的倾情付出，以及被鞭策、被欣赏、被寄托以养老送终和传宗接代的愿望等。

（5）家庭是一个传承家族文化的地方。父母祖辈以言传身教等方式将家庭文化传递给自己的后辈，实质上也是人类文明的一种传承。家庭文化最显著的传承方式是"家训"。"家训"源自建立在家庭创伤和经验之上的祖辈的智慧，约束和指导家庭后代的成长，也凝聚着长辈对于后代的期望。

目前，家庭作为文化传承的承载者，受到了一定的冲击和影响，表现在以下几方面：①当下，很多的父母、子女迷恋手机，缺乏沟通，导致家庭或家族文化不能有效传承。②相比于学校里习得的知识，手机里新颖的影视作品更容易吸引人，但后者杂乱无章、鱼龙混杂、良莠不齐，缺少阅读书籍所能带给人情绪稳定情况下人格的滋养和成长；也很容易动摇孩子们好不容易在学校正统文化下形成的世界观和人生观。③在手机的陪伴下，很多孩子梦想多、行动少，没有人生的目标和计划。即使有宏伟的目标和计划，但随手可得的手机消遣又很快让那些梦想成为幻想，学习做事缺乏耐心和恒心，自然难以收获成功和自信，继而很容易加入浩浩荡荡的"多思病""空心病"的行列之中。

（6）家庭里父母之间的爱是最有创造力的。古人说："父爱则母静，母静则子安；子安则家和，家和万事兴。父懒则母苦，母苦则子惧，子惧则家衰，家衰败三代。"

（7）家庭也是孩子可以做各种尝试的地方。无论孩子怎样失败，和外面的世界相比，家庭基本都会包容自己的孩子，不抛弃自己的孩子。

家庭是基于本能、爱和梦想组成的一个整体。这个整体如果有序前行，而且经营有方，它一定是一个温暖的、充满甜蜜的地方。经营一个家庭，不能只靠父母的努力，还需要发挥孩子的智慧。

再次强调：父母的家庭，只是孩子的原生家庭。终有一天，每个孩子都要飞离这个家庭，创建属于自己的家庭——这是人类社会的规律，也是人类发展过程中总结的最好方式。

知识延伸

维吉尼亚·萨提亚是美国最具影响力的首席心理治疗大师，是美国家庭治疗发展史上最重要的人物之一，被视为家庭治疗的先驱，被誉为"家庭治疗的哥伦布"。图1-1是萨提亚家庭树。读者可以试着在图中找出自己的家庭成员，并在旁边标明他们的身份，给每个成员涂上颜色。完成后看看你的家庭树都给了你什么样的提示。试着把自己的感想写出来，它会给你很多提示。

图1-1 萨提亚家庭树

送你一朵小花花

怎样看待家庭背景的不同

青少年刚刚结束小学生涯，在小学阶段已经逐渐认识并接受了自己和他人之间智商和情商的差距。到了中学，随着同学之间的相互了解和友谊的进一步发展，青少年逐渐发现每个人的家庭背景都不同，特别是一些家庭环境优渥的同学自带光环，这大概是中学生认识的第一个人世间对于个体而言的不公平。

家庭背景不同的表现

（1）有的家庭经济富裕，有的家庭经济条件一般，有的家庭生活相当艰难，不同的家庭提供给孩子成长的经济支持不同。

（2）有的父母文化程度高，知书达理，能给孩子充分的理解和支持；也能在理解人性、和人如何相处方面指导孩子。有的父母文化程度不高，常以暴力（言语的、肢体的）的方式教育、对待孩子；有的父母为了养家糊口常年在外打工，根本没有办法在孩子身边陪伴他们成长，孩子童年的幸福好像并不在自己的掌控之中。

（3）有的父母在工作中很出色，是企业（以营利为目的）、事业（行使政府职能、以公益服务为目的）单位的领军人物，懂得这个社会的运行规律，在孩子小的时候就带领孩子认识这个社会和社会的规则，孩子无论是在智商还是情商上都能坐收来自父母的诸多红利；而有的孩子的父母却做着很苦很累的工作，经常抱怨来自社会的一些不公平待遇，这种家庭的孩子与前述家庭的孩子在认知上是不同的。

二 背景优越的家庭可能给其后代带来的福利

这种便利主要从经济条件、文化背景、家庭情绪这几个方面讨论。

1. 经济条件优越的家庭

（1）孩子没有任何经济压力地去额外学习他想学习的任何知识、技能，比如可以自由参加各种培训班等，以接受专业人士指导，让自己更优秀，更加自由地追逐自己的梦想。

（2）孩子充分自由地享受美食以及优越的居住环境给予的成长中的能量和情绪支持；即使儿时的口欲期（刚出生到1岁左右的孩子通过咀嚼以及进食等获得快乐和满足）没有得到满足，也能得到后天的充足滋养。

（3）孩子充分自由地以旅游等方式开阔视野，增加见识，培养其自信、独立的特质等。

2. 文化背景优越的家庭

（1）相对稳定的经济支持，安全感强（精神和经济的双重支持），遇事镇定，不易焦虑。

（2）较高的文化修养，自信、独立，情商高，做事做人有分寸，具有一定的人格魅力。

（3）有较为开阔的世界观，年少时在父母的影响下就有明确的人生观、价值观等，对于未来有自己的目标和计划。

3. 家庭情绪良好的家庭

可以存在于以上两种家庭，也可以单独存在：

（1）孩子性格外向，阳光、自信。

（2）情绪稳定，富有正能量，善良，乐于助人。

（3）具有创造幸福的情商，人际关系好，未来家庭有幸福婚姻的基础。

三 如何评价这些福利带给其后代的影响

优秀的孩子自有其优秀的背景实力。每个优秀的家庭后面，都有为社会做出了出色的贡献，继而获得了社会丰厚回报的家庭成员。这样的家庭成员越多，其家庭（族）越兴旺发达。在各方面实力相当的条件下，家庭背景越优秀的孩子越能受其家族成员优秀特质的影响，人生的格局自然会扩大，富有进取心。

幸福感是指人类基于自身的满足感与安全感而主观产生的一系列欣慰与愉悦的情绪。影响幸福感的因素有经济因素、文化背景因素、心理发展水平因素、人口因素、与人的生存和发展相关的政治因素等，其中，前三条和人的学习动机、学习能力相关。事实证明：人的学习能力越强，其对世界的认知水平越高，处理问题越有智慧，越容易获得成功和幸福。优秀的学习能力的传承，让家庭背景优秀的孩子赢在起跑线。

四 面对同学之间家庭背景的不同，青少年该怎样调整心态，以减少其对自己心理健康的影响

（1）不必羡慕。每个人都不能，也没有理由埋怨自己的父母、祖辈，相信他们都尽力抚养了自己的后代。另外，"金窝银窝不如自己的土窝"，唯有家庭给了你毫无杂质的人间的爱、温暖、呵护和美好的期待。

（2）学习。优秀的家庭大多能培养出具有优秀特质的孩子。"近朱者赤，近墨者黑"，真诚地向优秀的孩子学习，以其为鉴，努力上进，而非敌视或嫉妒、远离。

（3）奋斗。优渥的家境都是上一代人拒绝安稳、拼搏奋斗、不断试错、历经艰难后传承下来的，其子女要优秀同样要付出努力。"天道酬勤"，家境不好的孩子要活出自己想要的人生更要付出努力，努力为自己的后代创造优良的环境。罗曼·罗兰说："世界上只有一种真正的英雄主义，那就是在认清生活的真相后依然热爱着它。"活着就是一种幸福，能有机会创造成就何尝不是更令人感动的幸福？

（4）提高欲望。西班牙哲学家巴尔塔沙·格拉西安在《智慧书》里说："欲望是神，欲望的能量和神相当。"格局和目标性是缩小距离的动力源泉。如果有欲望，就要行动起来，调动自己的潜能，学习了解社会运作的规律、规则，克服自己的恐惧和人性的懒惰，着眼未来，活在当下，遇山开路，遇河搭桥，一步一步踏踏实实往前走。

（5）排序。人一生要做的事情种类很多，每一阶段做的事也不同，就像青少年作为学生主要的任务是学习。一个人的智慧主要在于对事物重要性

的排序和计划性。学习、锻炼身体、发展爱好、博览群书、结交朋友、玩电子游戏、游历世界，为未来喜欢的专业做专业性准备，审视自己的重要性排序是怎样的，确定自己的发展计划。

（6）节制。老子曰："五色令人目盲，五音令人耳聋，五味令人口爽，驰骋畋猎令人心发狂，难得之货令人行妨。"诸葛亮言："淡泊以明志，宁静以致远。"古代先贤提示：人对于任何事物的追求都要有度。智慧越高的人，追求精神的享受程度越高，对于物质的追求越不贪婪，人活得越潇洒、自由。青少年只有把自己的追求放在合适的、能让自己发光发热，同时又能给自己带来足够的幸福感的事业上去，才能感受到真正的人生幸福。

（7）谅解。拥有不能改变的家庭背景，跟拥有不能改变的父母是一样的，无论他们好还是不好，每个孩子都依然能成长。孩子有孝敬父母的责任，但也有爱父母和不爱父母的自由，不过绝没有伤害父母的理由。原谅和放下一切的如意或者不如意，走好自己的路才是硬道理。

愿你所有的梦想都能在你未来的家庭中得以实现。

送你一朵小花花

关于重男轻女

在人们的生存对于人的力量需求较多的年代，个体家庭比较看重男性后代的出生。随着电子技术、医学、艺术、教育、商务等行业的发展，女性对社会责任的承担率也越来越高，重男轻女的现象越来越少。但是，在一些家庭以及部分传统观念还比较浓厚的地区，重男轻女现象还存在，还会对一些女孩的心理产生很大的负面影响，因此，有必要对重男轻女现象做一些深入的探讨。

 人类社会的基本架构

1. 以男性（雄性）为纵轴的物种传承

随着社会的发展，人类社会形成了以男性为纵轴的结构系统，其形式是：具有相同血统的家系组成社会的各个最小单位（现代医学发现一个家族的延续有固定的性染色体"Y"参与），这个家系以固定的姓氏来标记，如张、王、李、赵、盖茨、格林等。这个纵向的家系主要的作用即为传承，传承的不但是人类的生命，更有其赖以生存的物质财富、生存经验和教训、共同创造的文明等（许多野生动物种群也是这样）。

2. 以女性（雌性）为横轴的群体情感连接

正如自然界的"阴"和"阳"两者相互依存一样，动物世界的雄性和雌性同样如此。人类是以群体方式生存的，不同群体之间建立紧密的联结会扩大自己的力量，保证群体的纵轴传承性，于是，群体间的联姻关系得以发展。婚姻让各个群体通过情感在横轴上紧密地连接起来。

二 家庭基本架构下重男轻女的诞生

（1）当女孩身体进入可生育期，每月必到的月经期首先带给女孩无尽的烦恼。少则三天，多则一周，过程中不但出现能量流逝或消耗（痛经），更有相当多的女孩被月经前激素水平波动引起的情绪波动所困扰，直至更年期。月经，让女性在一生中最美好的年华里戴上了一个枷锁，时不时地干扰下女性的正常生活——女性的重男轻女从不喜欢自己开始。

（2）生育后代。自古以来，生育孩子都是女性要面临的最大挑战。即使现代医学已经能让女性较为放心地怀孕生产，但也只是相对的。这些宿命中必须面对的事情会时不时地冲撞女性的安全感。

（3）传统的婚嫁模式下"男娶女嫁"。家庭是一个人最安全的港湾，但是，女孩的另一宿命就是要单枪匹马离开自己的原生家庭，融入另一个家庭，不但要迅速适应，还要尽可能快地转变角色，成为一个承担三重角色责任的女性，这是女孩要面临的另一个极大的挑战。

（4）婚嫁后，女孩带着自己原生家庭的文化传承（包括家庭重要规则等）迅速和新的家庭文化进行磨合、重整，最终会形成新的规则，产生出更加新颖或更有活力的新的家庭模式。如果单是小夫妻磨合就比较容易，而一旦双方的长辈加入，冲突往往就会比较激烈。这个磨合的过程时间越长，女性越能感觉到日子的艰难，越容易产生负面情绪，最终可能会对自己以及自己的女性身份产生不满。

（5）更多的重男轻女发生在以"婆婆"为首的祖辈身上。图1-2中性染色体的遗传显示：孙女刚好传承了祖母的"X"，提示如果祖母不接纳孙女，有可能就是不接纳自己女性的身份；同理，祖母对女孩的不接纳常常会让女孩陷入自卑和抑郁的状态。

（6）家族中男性祖辈对于男孩的渴求，还有可能出于这样的考虑：①祖辈创造了比较多的物质、精神财富，需要男孩来传承（控制欲和满足感）；②自己一事无成，希望有能力的男性后代实现自己出人头地的梦想。

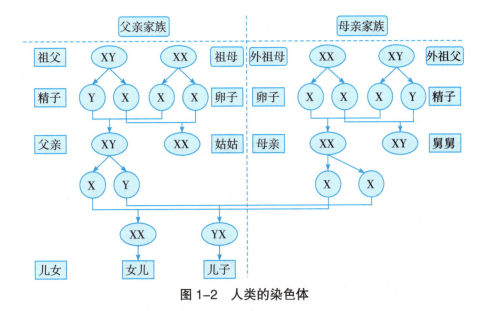

图1-2　人类的染色体

知识延伸

　　染色体是组成细胞核的基本物质，是基因的载体。所有物种的繁衍传承依赖染色体承载的基因决定。人体有23对染色体，其中22对是常染色体（决定人的人种、身高、个性特征甚或遗传疾病、生老病死等），一对是性染色体（决定性别）。以上是性染色体的遗传图谱。

　　性染色体有两条，命名为X和Y染色体。男性的精子里可能是X染色体，也可能是Y染色体；女性的卵子里只有X染色体。当男性的一个携带有X染色体的精子和女性的携带X染色体的卵子结合，其受精卵的性染色体是XX，那么生育的孩子就是女孩；当男性的一个携带有Y染色体的精子和女性的携带X染色体的卵子结合，其受精卵的性染色体是XY，生育的就是男孩。

　　（7）神经生理学有这种说法：人无论是身体还是神经思维，随着时间的推移都在更新，但同时它们又带着很多古老的记忆，比如只有男孩（重要的劳动力）才能让一个家庭有力量和安全感。很多人因为认知提高和思维开阔，意识到当代的女性在很多领域的社会功能都十分优秀后，那些记忆开始被动摇和改变，但还有一些人的认知无法动摇和改变，相当固执。

三 如何看待重男轻女现象

（1）当一个家族的分支没有生育出男孩时，看起来这个分支的纵向传承就到此结束，但是，除了确定的"Y"，女孩也传承了父母两个人各一个"X"，同时还携带了经过整合的其他 22 对基因的所有信息。家庭的标志物"Y"没有传承确实是一种遗憾，但家庭里没有女孩时，父亲的"X"没有传承也未尝不是另一个遗憾。生育和其他事情一样，都有可能遭遇不完美。

（2）随着社会的发展，生儿育女更多地被注入了情感的需求、意义的需求（生命的延伸）以及终老前的安全需求。因为女性的经济独立、家庭中子女的减少等原因，多数女孩都能承担起这些责任，重男轻女的现象比起以往的任何年代都大为减少，更多的家庭都能接纳没有男性后代的现状。

（3）面对生儿育女的责任，男性的负担更大。从古到今，"不孝有三，无后为大"的观念还在影响着人群中很大的一部分。男性被赋予人口传承、养家糊口的重任；社会习俗可以容许女性在家养儿育女，但是男性却一定要外出工作，赚钱回家。赚钱的基础是他有能力为社会做出一份贡献，而且，贡献越大越能彰显他的能力——他还额外承担着"光宗耀祖"的责任。所以，作为女性，大可不必在意重男轻女的现象。

（4）生育男孩，潜藏着人类对于力量的需求；而生育女孩，更隐含了一份人类文明对于更高层次的爱和情感的需求。女孩和男孩的主要任务和作用不同，前者的任务更关乎人生的意义感和价值感、幸福感，培养一个优秀的女孩对于社会很重要，没有达到这个高层次认知水平的人才会重男轻女。

（5）生育女孩对于家庭的付出来说大有"竹篮打水一场空"的味道，女孩一旦成人就面临着和父母的心理和现实意义上的别离，没有人喜欢别离和失去。但女孩离开原生家庭，承担的是社会的优生优育责任，女孩的素质更代表着其原生家庭的素质，是其原生家庭文化素质的"名片"。

（6）生育男孩也可能是出于年轻父母讨好长辈传承血脉的欲望，或者母亲因为自己生存、生活的艰难而"慕男"的心理。女孩要把他人的需求和自己生命的需求甄别清晰。

四 给生命以自由

个体生命生而平等。每个生命来到这个世界都是不容易的，所以，每一个生命来到人间都值得被尊敬。从图1-2关于染色体的图谱可以看到：①女孩就是父母的孩子，所以，所有的女孩都值得直接养育她的父母无条件的爱。②女孩携带了比男孩更加广阔的祖辈优化了的基因，她已经足够优秀了，相比于男孩，她对人类的进步贡献更大。

生命是为了自己的生存而来到世上，并非为了满足他人的需求而来到世上，包括养育自己的父辈、祖辈的需求。任何人首先要成长好，也照顾好、守护好自己，才能给自己的生命以自由。

送你一朵小花花 🌸

父母的二胎、三胎

　　中国从 20 世纪 80 年代开始实施严格的计划生育政策，大多数家庭只能养育一个孩子。2016 年二孩政策开放，目前已经开放了三孩政策，相随而来的是有相当一部分孩子不能接受父母再生育一个或者两个孩子，并因此出现心理障碍。

一 临床观察到的孩子容易出现心理问题的再生育家庭的特征

　　（1）第一个孩子生活或学习过程中自我要求比较高，一直需要父母的支持，内心很害怕父母多养育孩子后，自己得到的支持和关注减少。

　　（2）第一个孩子成长中，因家庭经济不富裕的原因，其发展已经受限，父母却依然抱着多子多福的愿望继续生育孩子。

　　（3）第一个孩子因为不想其他孩子瓜分父母的财产而抗拒父母再生育等。

　　（4）已经生育多个女孩，父母不顾一切希望生个男孩，女孩不但得不到关注，还要因此而承受照顾其他孩子的责任。

　　（5）女孩在父母生育男孩后，明显感受到父母、长辈重男轻女。

　　（6）父母离异后再婚生育其他子女，前段婚姻生育的孩子由长辈代养。

二 再生育家庭孩子出现心理障碍的分析

　　（1）第 1 种情况（害怕弟弟妹妹分割父母的关注和爱）：这往往是因为父母和孩子的关系过于亲密，以至于孩子没有形成独立的人格和拥有自主的学习动力。

（2）第2种情况（多子多福）：在不具备养育过多的孩子的经济和智力条件下而强行多生育，这样的父母的心理诊断是"心理不成熟"。身处这种家庭的孩子需要注意：①对于认知水平不高且固执的父母，劝诫父母的努力适可而止。②日常生活中可以做父母的帮手，但养育弟弟妹妹的主要责任在于父母，在没有能力分担父母的经济负担之前，首先要照顾好自己。③照顾弟弟妹妹适可而止，不要牺牲自己，那样无益于自己的生活和弟弟妹妹独立人格的养成。

（3）第3种情况（因为自己的"私利"而拒绝父母再生育）：这"利"是父母通过努力创造的物质财富。只要一个孩子有了独占父母的爱或财富的欲望，这个孩子的格局就不是向外发展而是转向自己的原生家庭。向内发展的孩子不可能让家庭兴旺发达。能获得足以荣耀生命的个人成就的人，往往是那些希望得到家庭以外的、更多的人认可的孩子。

（4）第4和第5种情况（再生育是因为重男轻女）：假如女孩不幸出生在这样的家庭，那就需要自己尽可能地在这个原生家庭里成长好，长大后找到自己喜欢的工作和爱人，尽快离开这个家庭。

（5）第6种情况（父母离异后再生育其他的孩子）：一般情况下，再婚父母生育孩子的时候，原父母生育的孩子基本已经满3岁了，这时候因为长辈对他的爱和关注被剥夺，家庭给他的安全感被打破，这个孩子年少时将要踏过十分痛苦的一段人生历程。如果这个孩子开朗大方，能以爱接纳父母后来生育的孩子，那他长大后的待人处事将特别大度、有魄力（独立性强）。

有的孩子说："我拒绝父母再生育的原因是我将来要做艺术类工作或从事其他一些特殊职业，在我成才之前，我需要倚仗父母的资本支持，也许需要很长的一段时间、很多经济上的支持。"

父母是否拿出自己的私有财产支持孩子的梦想是父母的权利。孩子可以向父母提要求和建议，但没有权利强迫父母给予自己支持。当发展自己的爱好、事业条件不成熟时，人最终只能暂缓实现自己梦想的步伐，一点点积累需要的能量。因为条件不允许而舍弃很多梦想也是人生的常态。

父母的家庭对于年幼的孩子来说十分重要，那是因为它关乎孩子能否生存。长大后，随着孩子知识的学习、智慧的开发，他逐渐站在一定的高度去看自己的原生家庭，此时往往会发现这个家庭的诸多弊端。而等孩子长大组建自己的家庭之后，他的孩子有一天也会发现这个家庭又有那么多他们不满意的地方——家庭就是这样螺旋式地向上发展和延续，一代比一代进步。

无论怎样，每一代对于后代的伤害都令人无奈。无奈到孩子有时候要面对一对对"无赖"的父母。可这个世界上也有很多"无赖"的事情不断在发生！"无赖"也是这个世界的一部分，不过总是给人希望的是：所有新生的后代都会走在让自己和自己的后代活得更好的路上。

不要和自己不完美的父母做太多无谓的计较了，也不要执着于一个自己想要的家庭的样子，每个人都要瞄准自己的未来，准备好经营自己的人生。手足情是继亲子情后最为亲密的感情，有弟弟或妹妹不但能锻炼哥哥、姐姐小团队领导的能力，还能让哥哥姐姐体会到一份责任和担当，虽然有点难度，但它确实能培养一个人大度的胸怀。除了你的父母、爱人和孩子，他们也可能是未来的岁月里最有可能给予你爱和支持的人。

快乐地迎接你的弟弟妹妹吧，如果你的父母愿意带他们来到这个世界！

送你一朵爱的小花花 🌸

如何看待父母吵架

这是事实：天下没有不吵架的夫妻，就像没有不散的筵席一样。锅碗瓢盆的声音如果是一个家庭的标配，那夫妻吵架也是一个家庭时不时叮咚作响的音符。各个家庭的夫妻吵架次数、激烈程度都不同。

夫妻吵架是夫妻双方都带有情绪地表达自己的不满或者意见，并且两个人意见不一致，所以，双方都想以气势压倒对方，迫使对方接受自己的观点。夫妻之间的争辩，有时会不惜诋毁对方，甚至伴有肢体冲突，更有甚者会使用工具实施暴力行为。

作为子女，我们该如何去看待或者应对父母日常的吵架呢？

 世间夫妻吵架是平常事

只要两个及以上的人长时间相处，就会有不同的意见或者相互不满意的地方，争吵不可避免，夫妻间也是。作为孩子：①首先，你要感恩你的父母都是正常健康人，他们还有精力吵架，说明他们的精气神还好，还能表达他们的需求。②其次，夫妻间有爱才会有要求。当彼此对对方毫无要求的时候，要么两个人已无爱和依恋的情感，自己过好自己的日子，各自精彩；要么是绝对的包容，包容到另一个人没有了自我意识。当然，后者不可能出现。所以，孩子能看到父母偶尔吵架是幸事，但父母经常性吵架就是噪声了。

 父母吵架的层次、级别

第一级别：父母之间偶尔会发生一些温和的吵架行为，并不会对孩子造成困扰或者影响孩子的个性。

第二级别：习以为常、经常性的吵架行为。孩子在成长过程中，耳边一直萦绕着父母吵架的聒噪声，久而久之，他会自然地处于一种对于现状的厌恶情绪中，且容易把这种厌恶情绪投射到他生活环境的方方面面，成为一个有很多负面认知和情绪的人。

第三级别：有的夫妻一旦吵架就"鸡飞狗跳""惊天动地"，大打出手，偶尔还会舞刀弄棍，让孩子瞬间处于恐惧害怕之中。这样的事情经常性地发生，孩子会感觉这样的家庭就像"魔窟"，会觉得自己很不幸，被父母忽略。和别的孩子的家庭相比，他会感到很悲哀甚至自卑，容易处于一种严重的或者慢性的抑郁状态。

第四级别：无声的对抗——这是一种特别的吵架方式。父母因为曾经的对抗失败而对对方失去了争辩的兴趣，故而家庭环境如一潭死水。生活在这种家庭中的孩子很容易做事消极，没有进取心。和第三级别一样属于最高级别，对于家庭的幸福感、孩子的生存动力与性格形成具有很大的杀伤力。

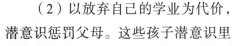

三 面对父母吵架，有一些孩子自创的应对方式不可取

（1）消极情绪的引导下潜意识启动，以身心疾病的方式吸引父母的关注，把他们从争吵中解脱出来。这种病可能是在突发事件诱发之下的抑郁症，也可能是医院如何也检查不出原因的躯体不适，如头晕、头痛、胃痛或其他不适等。

（2）以放弃自己的学业为代价，潜意识惩罚父母。这些孩子潜意识里有个想法："父母应该知道我要不吵架的父母，可他们就是不给我，我就不做他们要的孩子。"于是，他们以折磨自己、放弃自己的方式惩罚父母；同样的手段还有酗酒、吸烟、谈恋爱、暴食或厌食、逃学、沉迷游戏、沉迷手机短视频、沉迷二次元角色的扮演等。这些孩子实质是以把自己"祭奠"给自己不和谐的家庭的方式迫使父母做出改变。

（3）为了息事宁人，有的孩子根据自己的判断，和自己认为"正确"的父母一方联手起来，和另一方争吵或加入战斗，结果，家庭成了"2+1"战场。

四 聪明的孩子应采用不同的方式应对不同级别的父母吵架行为

（1）第一级别：父母偶尔吵架。分两种情况：①没有打扰到孩子的心情，处理方式是放过自己，尊重父母之间的沟通方式。②相反情况的处理方式：第一，可以以诙谐的方式调侃父母，缓解气氛；第二，告诉父母自己的情绪已经被影响，希望他们有所约束；第三，以更强硬的方式等要求父母立即停止吵架、温和沟通。

（2）第二级别：父母经常吵架。这个级别牵涉到一个词"反刍"。父母总是为一些同样的事情反复表达自己的不满和怨愤，甚至想以离婚来结束这种无休止的内耗。分两种情况：①孩子没有精力、兴趣、智慧解决父母的问题。处理方式是隔离对自己的影响，容许父母的相处模式。②相反情况的处理方式：第一，旁观，冷静分析原因后和父母沟通；第二，用书信方式和父母沟通；第三，邀请亲戚、朋友和父母沟通。

（3）第三级别：父母吵架伴有暴力倾向。分两种情况：①评估对家人没有潜在的人身安全威胁。处理方式如下：第一，如第二级别处理方式；第二，家庭安宁时和父母谈条件，定规矩，绝对不允许家庭暴力发生。②相反情况，即可能会对家人存在潜在的人身安全威胁的处理方式：第一，任何时候以保护自己为首选；第二，以各种有利的方式制止、远离家庭暴力；第三，若不能制止家庭暴力，必要时允许或说服父母离婚。（注意：如果父母离异，没有长大的孩子一定要选择和利于自己成长的父母一方生活。这种选择不是自私，因为条件相对好的家庭能让一个孩子得到更好的教育和生存条件，更能安心地成就自己，长大后才能更好地照顾自己的父母。）

（4）第四级别：父母之间冷暴力。仍分为两种情况：①评估父母双方没有关系好转的可能。处理方式如下：第一，允许他们离婚，并明确告诉父母你的观点；第二，允许他们以自己喜欢的方式相处；第三，尽早离开这样的原生家庭。②父母有关系好转的可能。处理方式是寻求有能力的亲人、朋友、心理医生帮助父母。

注意：以上任何一种级别的吵架处理方法都不能解决问题的时候，皆可以求助于心理医生，必要时求助于法律途径解决。

人生就是一个大舞台，舞台上的表演肯定是丰富多彩的，为什么你的父母就一定是那种恩恩爱爱、卿卿我我、你侬我侬的幸福一对呢？每个人都有做错事的时候，选择和哪个人结婚肯定也会有选择失误的可能。无论父母选择的伴侣是否正确，即使是最后离散的家庭，在一起的时光无论多久，其中都有值得父母和孩子珍视的幸福时光。

很多时候，努力之后，让结果顺其自然，是很大一部分人需要终身修行的事情。这个过程很苦，如果可以，心理医生在此愿以社会人的身份向深受不成熟的父母的伤害的孩子道一声歉：你们辛苦了，受苦了！

父母不幸的婚姻还会提醒孩子：在找一生的伴侣的时候一定要以"爱"为基础，有爱，才会有包容和接纳；还要找到和自己谈得来的伴侣，夫妻的人生观、价值观越相近，吵架越少，越容易在生活中创造出属于自己的幸福。

送你一朵温暖有爱的小花花

关于家庭会议

一个人无论未来做什么工作，都和大多数人一样可能是在团队里进行的。所有的工作团队都有自己的工作规则，而团体会议基本是每个团体定期的必备项目。团体会议是团体成员彼此沟通、相互支持、朝向一个清晰的目标积极前行的重要休整站和加油站。家庭是社会的最小团体，它和公司一样，有领导，有成员，有建设目标，有达到目标的合作需要，所以，家庭会议也应该是一个家庭发展需要的标配。但现实中的多数家庭并没有重视这个问题，其原因和重要性分述如下。

一 家庭会议没有普及的原因

（1）家长并没有意识到它的重要性。

（2）家长认为自己可以决定家庭里的一切事物，因为孩子没有长大，没有社会经验；祖辈年纪大了，精力又不足。

（3）家长并没有意识到家中的老人、孩子同样需要被尊重和被倾听。

在以上三点的基础上，家庭里的祖辈余威尚在，而孩子自然就成为家庭里的最弱小者。人格在家庭里形成，在社会上得以完善。如果孩子在人格形成期没有得到及时的修正和扶持，会阻碍其人格较好地成长。

二 家庭会议在修正和扶持孩子的人格成长方面，会产生巨大的促进作用

（1）家庭会议会让孩子感受到被尊重，这样能提高其自信心和自尊心。家庭会议上，父母抽离自己的权威，以平等的态度对待孩子，需要很大的勇气。但是只要家长这样做了，就会加倍地支撑起孩子的自尊。被尊重也让孩

子更尊重自己的父母，更有被这个社会接纳的信心。

（2）家庭会议让孩子走出自我中心。家庭会议上，每个人都可以充分地表达自己的情感、情绪和观点。这个过程不但能锻炼孩子表达的勇气，更能提高其语言的组织和表达能力，体会到因为表达而得到的良好效果，并在父母和孩子之间建立起有效的沟通桥梁。

（3）能鼓励孩子积极主动争取的勇气。家庭会议要倾听每个人的观点，顾及每个人的利益，可以培养孩子在权威面前主动争取自己利益的信心和习惯，减少对于权威的畏惧心理，克服人性中的懦弱、退缩部分。

（4）让孩子习惯于团队合作。会议的定期执行需要大家共同自律，家庭会议的正常进行可锻炼孩子遵从团体规则的习惯和自律习惯的形成。

（5）有安全感和目标性。家庭会议能确保家庭发展朝向既定目标前行，能带给孩子家庭稳定发展的安全感，也会促使他在未来的人生中以目标为导向，斩获各种成功。

三 普及家庭会议的必要性

（1）孩子是家庭中的一员，是一个家族的延续，是可持续发展的最重要的一部分。所以，只要是对孩子的发展有益的事情，孩子都应该努力争取，社会都应该积极推进和学习。

（2）如果孩子的发展需要父母来让路，大多父母都会礼让孩子、成就孩子（一些父母社会责任重大者例外）。特别是家庭经济或者其他方面有困难的家庭，定期的家庭会议更能让孩子参与到建设家庭的具体规划或行动中，更能激发孩子内在向上的力量。

（3）父母知识渊博、事业发展得好、社会地位较高的家庭更应该开展家庭会议。这样的家庭会议是孩子向父母学习分析问题、解决问题、提高做事决策的高度和宽度最好的机会；同时也是孩子敢于挑战权威、表达自己的最好起点。

（4）如果有家庭成员学习或工作任务重大，定期的家庭会议能充分地调整好家庭成员之间的关系，理顺家庭的各种琐碎事务，发挥家庭各成员的积极作用，有效减轻目前任务较重的个体的心理负担。

（5）从人格发展角度讲，青春期的孩子正处于叛逆的关键时期。定期的家庭会议既能了解孩子的心理动态，减少父母和孩子的心理冲突，又能凝聚家庭的力量，及时帮助孩子度过心理危机，使其健康成长。

（6）在定期的家庭会议中，孩子在父母面前勇敢地表达自己的观点也要看父母的具体情况。有的父母因为生长环境或人生遭遇，性格十分固执甚至偏执，为了避免内耗，建议青少年把这种锻炼转移到"好说话"的老师或者其他亲属、朋友那里。

害怕权威、反抗权威、争取权威也是人作为动物最原始的本能之一，也以一定的方式存在于人的基因里。人在反抗权威、争取权威的过程中，能给自己带来更大、更多的利益（包括为社会做贡献的权利）。父母是孩子成长的台阶，当挑战父母的权威成功后，孩子对自己的能力会更加有信心；父母主动降低自己的权威，给孩子以平等的发表言论、表达自己需求的机会，能让孩子感受到来自家庭的温暖和支持，能让他们对于未来抱有更大的期望。所以，家庭会议也是父母给予青少年成长的一个重要礼物。如果你的家庭没有这个习惯，试着进行创新，感受一种全新的亲子互动模式，探究它到底能带给你什么样的成长收获，带给你的家庭什么样的改变。

知识延伸

表1-1　家庭会议记录（范本）

时间：
参加人员：
主持人：
讨论议题：1.（××提出） 　　　　　2.（××提出）

续上表

成员发言：	
××：	
××：	
××：	
总结：	
备注：	

话题七

为何要做家务

柏格森说："真正的快乐都散发着荣耀的光芒。"快乐不同于幸福，前者是瞬间的体验，后者是一种持续的心境，所以，人想要快乐就需要不断地寻找和制造快乐，甚至为此默默地付出长久的努力。比如学生要品尝拿到一门课程的好成绩的短暂快乐，就需要埋头学习和努力半个学期或一个学期，而那短暂的快乐散发着来自他的努力和智慧的荣耀的光芒。好成绩带来的快乐是瞬间的，但荣耀可以持续存在，它是一个人骄傲和自信的来源。幸福呢？当一个人一直带着荣耀在学校学习、进步，且一直心情良好，他的心境一直处于满足和"轻快乐"状态，这种心境就是幸福。

孩子做力所能及的一些家务，每次收获的都是触手可及的快乐以及能为自己的家庭做出小小贡献的荣耀，同时，又能让自己的父母感受到来自孩子的一份感恩。懂事的孩子，总能让父母感受到散发着荣耀光芒的快乐。如果孩子能坚持给予父母这种快乐，父母也会持续地心情舒畅，处于一种幸福的状态。所有的父母对于孩子都寄予希望，希望他们能出人头地，实质上也只是希望孩子有个好的未来，少受点人间疾苦。但若真的不能出类拔萃，也能接受"承欢膝下"的现实，其实，后者更是人的本性需求，而前者出于爱的付出，要克服人性的本能需求，有点艰难。

心理专家鼓励孩子做家务，不但要形成习惯，还要喜欢上它。做家务对孩子成长有如下好处。

承担家务，是孩子减少对父母、家庭依恋的第一步。孩子出生前后是对母亲最依恋的时候，那属于生存本能。孩子成长的过程就是一个挣脱这种对于父母、家庭依恋的过程。一个人成熟的标志是能够承担社会责任，而承担照顾自己的责任是基础。在家庭中，越能承担责任的孩子，将来走进社会越有责任心和行动力，越容易适应社会，做出成绩。

　　爱做家务的孩子，会体恤父母，继而赢得父母的尊重，会得到来自父母的信任和鼓励。相信有"相信的力量"，孩子通过做家务让父母看到自己的责任感和担当，父母更相信孩子在外能照顾好自己，获得他人的认可，更相信孩子能通过勤劳收获生存下去的社会红利，父母会把安心和祝福送给孩子，这会让孩子更有自信走向社会。不信任孩子的父母会产生焦虑，继而消耗孩子走向社会的自信。

　　中国古代哲学有"天人合一"的理念，一个人的心境会与他周围的环境相协调。好环境会带来好心情，好心情能让人思维更活跃，学习效率自然会更高。孩子通过劳动让家里变得干净整洁和赢得父母的认可、喜欢、爱，能造就孩子成长的最优美环境。

　　做家务也是一个开发智商的过程。做家务能彰显一个人动手的能力和智慧，如何快速又高质量地完成家庭内琐碎的家务并不是一件简单的事情。青少年快速高质量地完成一些家务，不但能让大脑负担学习功能的部分得以休整，更能锻炼、调整大脑主管动手能力的运动细胞的功能，能让人更加聪明。

　　爱做家务的孩子，家庭更加幸福。如上所说：父母和孩子有良好的互动，互相奉献和关爱，有爱在家庭成员之间流动，这样的家庭更幸福。

　　爱做家务的孩子自律。这种自律要克服人的原本的强大的懒惰基因。当这种自律成为习惯，且进一步发展、扩大，自律一定会引导这个孩子走向成功。

　　爱做家务的孩子比较勤快，一般人际关系都好。勤快是中国人的传统美德，是中华民族千百年来总结的最有效的生存经验。勤快的人会得到同样优秀的人的认可，容易获得更多的社会信息和来自他人的支持，事业容易成功。

　　爱做家务的孩子大多是孝顺的孩子。因为其本意是减轻父母承担家庭责任的负担，有一颗慈悲的心；对父母孝顺、慈悲的人基本都不会走错人生路。

　　爱做家务的孩子，未来家庭会更加幸福。他愿意承担家庭责任，减轻所爱的人的家务负担，更能让对方感受到爱和关心，婚姻更幸福。

爱做家务的孩子，既然爱做家务且能形成习惯，他一定能从繁杂的或者一些隐匿的家务中寻找到快乐而自得其乐，这样的人有创造快乐的天赋。

所以，只要一个家庭里的后代勤于做家务，那他的整个家庭一定会是那种经常性散发着荣耀的光芒的家庭。

有的家长因工作忙而雇用保姆帮忙料理家务，这样的家庭里的孩子是否就可以做传统意义上的"少爷""小姐"，十指不沾阳春水呢?

家庭的雇用保姆确实减轻了忙碌的父母回家后的辛劳，如果孩子因为还有大量的课外兴趣爱好要完成而减少做家务的时间是可以的，只能遗憾地接受这一个通过家务调整自己脑力活动的机会从眼前溜走。另外，通过做家务，可以阻止他人侵入自己的隐私领地，建议青少年不要把所有的家务都交给保姆或者父母做，在此特别强调:

（1）家是一个私密的场所，房间为首要。青少年要守住自己房间的大门，不能随意让父母以及未经允许的他人进入。所以，整理好自己的房间，不给他人有理由进入成为必要。

（2）进入青春期之后，自己的内衣裤、袜子一定要自己清洗、收纳，而且要养成及时清洗、收纳的习惯。不要主动把自己的隐私暴露给他人（包括父母）。

（3）青少年要明白坚持以上两点是在坚持自己的边界。边界包括身体的边界、个人空间的边界、个人的势力范围、个人的精神领域、行为主导权、自己使用的东西等。以上两点和3岁之后要和父母分床睡、"儿大避母，女大避父"、避免性侵等一样属于身体的边界。身体的边界感是人内心安全感的需求。孩子是在家庭中成长的，随着年龄的增长，身体的边界需要孩子和父母共同有意识地培养，是其他一切边界感的基础。

（4）不要给自己不做家务找借口，人为了要做的事情肯定能挤出时间来。父母的家庭只是一个人的原生家庭，寄人屋檐下当知恩图报，报恩永远在当下，寄托给未来只是在给自己找借口，只会给未来留下更多的亏欠。

（5）原生家庭是父母打下的江山，父母有理由在自己的江山里享受休闲、玩手机、看视频的乐趣。父母的收获并不等同于孩子的收获，青少年要明白自己的身份地位，勿忘自己离开原生家庭、将来组建自己的家庭的历史使命，勿让原生家庭赐予自己的享福生活削弱了自己上进的激情。

（6）青少年做家务不需要任何的压力和负担，大可以于玩中做家务，于做家务中享受成就感。毕竟年轻人身体好，做事轻松、效率高，更容易把家务做好，而家务对于年纪大的人来说可能是一种负累。做家务也是青少年对父母的一种慈悲。慈悲的能力也是自我培养出来的。

总之，居住环境的干净、整洁、完美、舒适是人类潜意识的追求，也是每个人内在本质的喜好。一个人的生活环境和工作环境是自己的一张名片。这张名片承载着他的人品、人格魅力和他对于世间美好东西的态度。

青少年从小养成做家务的习惯，也是在克服人性中最为固执并且在人的一生中如影相随的"懒"的本能。"懒"的本能就像地球引力，无处不在。人要堂堂正正地站立成一个顶天立地的人，就要拿出自己的精气神来，拿出勇气来克服它，减少它的束缚，主动、积极地去努力耕耘和收获，才能在有限的范围内做自己的主人。

美德从小事培养起，习惯从小时候开始。如荀子所说："道虽迩，不行不至；事虽小，不为不成。"

送你世界上最美丽的小花花

学 校 篇

中学生校内人身安全问题

中学生的人身安全问题，主要包括校内和校外两方面。本节主要谈及前者，涉及发生在校内的校园暴力事件、自杀自伤事件、人身意外事件、校内恋爱导致的性行为等。

校园暴力事件

校园暴力事件属于校园霸凌的一种，青少年要注意：

（1）如果在校园霸凌中，你是平时总是被欺负的人，千万不要因为他人（特别是平时对你并不友好的人）的甜言蜜语被诱骗到陌生的、没有大人监管的地方游玩，小心自己的人身安全。

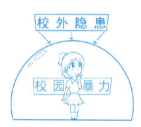

（2）校园霸凌者要记住人们常说的"因果报应"。从心理学角度讲，这个"果"，不是现实里因为某人曾做过错事而有坏事专门来惩罚他，而是当一个人做错事之后，即使那份内疚没有进入意识层面，但他的良知会将那份内疚储藏于他的潜意识内：知道自己做过错事，是一个"坏人"。因为"好人"才值得拥有世间美好的事物，他内心会觉得自己不配，所以，当有"好事"来临的时候，潜意识都会带着他有意或无意失去那份拥有，内在的那个"坏人"的定义会带着他趋向于面临"坏事"的发生而被惩罚。所以，一个人不能轻易欺侮他人，坦坦荡荡最为轻松自在。

学生自杀事件

除了因为抑郁症等精神疾病、人际关系困难、被霸凌导致的学生自杀事件外，还有一个值得关注的自杀原因是：一些学生因为不善于表达，在被诬陷的时候或者对自己做错事情过于愧疚的时候做出冲动自杀的行为。

面对被诬陷和过失，采取自杀行为的男性和女性的消极心理机制有所区别。此时其情感反应都是愤怒、羞愧、郁闷甚至绝望，但男性的潜意识动力主要来自传统文化对于男性的要求：顶天立地、光宗耀祖，注重尊严；女性潜意识动力主要受传统文化中曾经提倡的"三从四德""贞洁"的影响，要求女人失去"自我"。此时自杀的男性的心理机制更多的是"谢罪"和"攻击"（他人或自己），而女性更多是"献身"以"赎罪"或"自证清白"。

三 作为人际关系获益的筹码的自我伤害行为

多发生在被父母娇惯的孩子身上。其在既往的生活过程中可能会通过恐吓父母等一些方式达到自己的目标，在和同学的交往过程中，也依猫画虎，采用自残、服药、威胁跳楼等作为获得友谊或者爱情的一种方式。当达不到目的时，有可能在激情下做出冲动行为，造成无法挽回的后果。

四 源自身体原因的突发人身意外等

因为潜在的一些身体原因，比如脑血管畸形、心脏疾病等没有被发现并及时治疗而导致突发的人身意外等，一般多在剧烈运动中发生。

五 性行为

为什么把性行为作为一种人身安全的事件来讨论呢？

（1）处女膜是阻止细菌病毒入侵生殖器的一道屏障，首次发生性关系之后，这道屏障从此被打破。女性不但在以后的性行为中容易把细菌、病毒带入生殖器，即使没有性行为，在抵抗力低下的情况下，也容易发生一般常见的细菌、真菌等的逆行性严重感染。对于中学生来说，女性的生殖器尚未发育成熟，内在的防护机制也尚未牢固建立，一旦这道屏障被破坏，相对于成年女性更容易发生生殖器的感染，继而影响其日常生活甚至未来的生殖功能。

（2）已有研究证明：过早的性关系引起尚未发育成熟的生殖器官的反

复感染，会导致女性患宫颈癌、男性患前列腺癌的可能性大大提高。

（3）容易怀孕。一旦发生性关系，受其带给人的快感的驱使，很容易再次发生这种行为，导致意外怀孕的概率大大提高。未成年人怀孕后还需要去医院堕胎（胎儿长到四五个月之后需要引产，等于生了一次孩子），记住：一定要去正规的医院进行。每一次怀孕、堕胎，都可能影响女性子宫壁的健康程度，三次以上的多次堕胎很容易导致女性未来不孕；男性反复的前列腺炎症会大大影响精子的存活度，也可能会导致未来不育。

（4）怀孕流产对于女性心理健康也有影响：①女性一旦发生了性关系，就很容易爱上对方并对对方产生强烈的情感依赖，可事实是中学生谈恋爱能一起走进婚姻的可能性很小，一旦失恋，女性多数会十分痛苦。②女性在怀孕、堕胎、流产的过程中，体内女性激素的浓度波动很大，人体激素和人的情绪相关，继而会导致情绪的明显波动；轻则焦虑不安，重则会引起严重的抑郁、躁狂发作，进一步影响身体健康和学习功能。③一旦怀孕，女性瞬间升职为母亲角色。当一个生命不得不被他的母亲"扼杀"在摇篮时，女性即使意识上可能没有觉察，但这种母亲"杀死"自己孩子的创伤会存储在其潜意识中。次数越多，储存越多，犹如伤疤会无意识影响女性未来的一生（内疚感、罪恶感、冷漠、遗憾、伤心等）。

从以上的各个角度讲，中学生过早发生性关系，无疑是把自己放在一个危险的境地，无论男孩还是女孩。

六　关于校内人身伤害的预防

（1）校园暴力、自伤自残都和一个学生的心理健康状态相关。在目前国家要求中小学都需要配备心理医生的情况下，学生遇到这样的困难，寻求帮助的顺序可以是班主任、家长、学校心理医生、校外心理医生等。如果情绪仍难以控制，则需要看精神科医生，服用药物治疗。最重要的是在心理医生的陪伴下提高解决困难的智慧，实现心理的成长。

（2）如果是身体上有潜藏的危险而在学校发生意外，这种人身意外事件是无法预防的，但在这种重大事件发生之前，有的人身体常会有一些无明显诱因（如感冒）的身体异常提示，如头疼、头晕、胸闷或者其他的一些躯体不适，此时要及时告诉老师和父母，及时去医院做身体的健康检查。

（3）关于发生性行为问题：如果一个女孩真的爱惜自己，就不要考虑过早和他人发生性行为；除非扪心自问，然后确定地回答自己：我不爱自己！如果一个男孩想和一个女孩发生性行为，在此之前，也郑重地问自己是否想迫害一个女孩。如果答案是确定的，那就接受自己是一个坏人！愿意做一个坏蛋！那就在意识层面主动放弃对人生所有美好的向往吧！

茨威格有句名言，"生命里所有的礼物，都在暗中标好了价码"。当你现在无法控制自己的一些欲望的时候，你势必会为此付出一定的代价。有的看似美好的礼物里面可能包裹着炸弹，你一旦去尝试打开就有可能被炸得遍体鳞伤。

自律是一座宝藏。如果一个人面对各种诱惑始终能不忘初心，克制自己，努力前行，最后定有不错的收获。

送你一朵可爱的小花花

关于校园霸凌

　　自然界有弱肉强食的食物链，同样，在每一个种群的内部也存在着欺软怕硬的现象。随着人类文明的发展，人在尊重生命、力求公平公正的道路上不断发展。但是，人始终还是动物，动物之间的竞争会因各自的强弱不同而难以呈现真正的公平。心理治疗室内，有不少孩子因为在校园被"霸凌"而处于痛苦甚至绝望的状态，而校园霸凌就是人类社会弱肉强食的一个缩影。

　　校园霸凌属于校园暴力。常见的校园暴力有三种形式：人身攻击、言语攻击、行为攻击。三种暴力形式常常也有交叉。所有的攻击都有相似性，就是强势的一方在体力上、智力上、人脉上等强过被霸凌者。站在团体"霸"的位置上，他们在心理上有强烈的优越感；而被霸凌者在团体中常常处于自卑、无力还击的状态。以下从心理学角度分析霸凌和被霸凌的双方以及旁观者的行为背后的问题。

 霸凌者

1. 霸凌行为的无意识动力

　　（1）传承家庭习惯。霸凌者的原生家庭有人是以肢体冲突（常常夹带言语暴力）的方式解决矛盾和冲突的；也有一些家庭的成员尽管无肢体暴力，但善用言语方式（多是臆想出各种八卦新闻）对他人进行攻击。两种方式都直接冲击他人的当下环境的生存需求和安全需求。霸凌者习得其家庭重要他人的这种暴力方式，潜意识是希望和他们产生内在的亲密联结（即使他不喜欢他的霸凌者家人）。

　　（2）获得刺激带来的兴奋感。这属于动物本性中欺软怕硬的本性。在有弱者的情况下才能充分得到发挥。

　　（3）获得追随者带来的荣耀感、特权、少许的物质利益等。这也是动物本性中自私的成分，每个人都有，因为文化教养而多少不同。

2. 霸凌者的心理特征

（1）控制欲强。霸凌者或者其家庭重要他人在成长过程中经历过比较严重的失控事件，以致霸凌者滋生或者习得控制欲强的特质。

（2）缺乏成就感。霸凌者往往不是学习成绩优异者，其在霸凌他人的过程中获得群体中的存在感。

（3）生命力强。霸凌者有较强的行动力和胆量，这些特征如果用在具有挑战性的学习或工作中会容易获得成功。

（4）报复心强。值得关注的是有的霸凌者曾经被同学霸凌过。原来的霸凌者曾经以强势的方式打击了他的自尊和自信心，让他感受到屈辱，这种屈辱一直掩藏在他的生命中。多年之后，一旦有机会成为强者，他采用以前其他同学霸凌自己的方式，或者更甚的凌辱方式欺凌其他同学，获得短暂的快感。他可能不知道这只是一种变相的报复行为。

（5）"讨好"行为。某些因学习成绩优异、表面乖巧而被老师"宠爱"的学生，当发现有同学因为学习成绩不好或者其他原因引起老师生气、被同学排斥时，会采取行动讨伐被霸凌者。其潜意识的目的是倚仗自己的优秀，迎合老师或同学对那位同学的鄙视，以主持公道的角色采取欺辱行为，借此讨得老师或同学的喜欢和认同。这种情况老师一般会视而不见，同学也会因之"幸灾乐祸"，被霸凌者十分痛苦和无助。

（6）有些霸凌行为的开始只是简单的游戏活动，当游戏进行到忘乎所以的时候，有的学生可能有意或无意地做出了伤害他人的行为。如果被霸凌者不表示强烈的抗议或者向霸凌者表达自己已经被伤害的事实或感受，只是把委屈和难过吞下去，就会影响被霸凌者的心理健康，还有可能在往后的游戏过程中再次受到伤害。

二 被霸凌者的心理动力及个性特征

1. 与原生家庭相关

原生家庭亲人既往或当下正在经历着被霸凌事件，被霸凌者习得性地把自己放在一个弱者的位置。

2. 主动性逃避社交者

唐代诗人贾岛的诗词《剑客》："十年磨一剑，霜刃未曾试。今日把示君，谁有不平事？"为了有朝一日获得好的学习成绩，考取好的学校，有的同学主动隔绝了和同学之间的社交，结果因为性格孤僻或太看重成绩反而学习压力加重，更得不到好成绩，没有朋友、孤单不合群，很容易被同学欺负。

3. 内心自卑

有的同学因为做过自己认为很羞耻的事情或可以做好但没有做好的事，或认为自己的家庭背景、性别、身高、长相、学习成绩等不如他人，甚至因为自己的脑子里常常有一些"见不得人"的想法或欲望等而一直处于自卑、不自信的状态，做事、说话畏首畏尾，这样也容易被霸凌。

4. 性格孤僻或优柔寡断

这些同学独立性差，身体羸弱，正气不足，缺乏待人处事的魄力，和同学相处优柔寡断、忍气吞声，助长了霸凌的发生和发展。

5. 优越感强

有的学生和同学相处时因为自己的教养、特长或者家庭背景等自带一种优越感，看起来平易近人，实则盛气凌人，看不起其他人，不知不觉间引起同学的嫉妒和排斥，进而群起而攻之，而且情况还有可能愈演愈烈。

6. 道德感强

有的学生有强烈的自我追求，道德感很强，认为其他一些"不听话"的同学是"坏"学生，不愿意和这样的同学"同流合污"，对于同学间一些自己看不惯的行为采取"鄙视"的态度，结果容易被"坏"同学攻击或霸凌。

7. 有些被霸凌的同学有自虐特质

因为不爱惜自己，所以在开始被轻度霸凌时不会使用各种手段维护自己的尊严和利益，进行强烈反抗，给霸凌者以震慑。结果其软弱的表现给了霸凌者以默许的信号，促使霸凌者的欺侮行为一步步升级，最后达到难以控制的状态。

三　旁观者的心理动力及个性特征

（1）从原生家庭习得。霸凌旁观者的家庭背景中的重要他人有"事不关己，高高挂起"的人生信条。

（2）实为同盟者。旁观者人格发展不够健全或者体力不够强壮，以明哲保身的态度对霸凌者言听计从，从侧面助长了霸凌者的戾气，故为霸凌者的同盟者。

（3）有种旁观者是真正的事端挑起者。其以好人的姿态在霸凌者和被霸凌者之间说彼此的坏话，继而引起霸凌行为，自己却站在一旁做旁观者或者假惺惺的和事佬，这是霸凌行为中最令人不齿的。

（4）安全感需求。依附于强势者，与其共同面对弱者，旁观者会投射性认同自己也是强势者；同时，群体里有个体不合群，其产生的"神秘感"会冲击群体的安全感，故当有人欺负弱势者时，旁观者就会采取默许的态度。

四 针对校园霸凌行为，心理医生的建议

1. 对校园霸凌者的建议

（1）请参看以上的分析对号入座，考虑是否应该立刻停止霸凌行为。

（2）养宠物，比如养一只小狗，它会让你活在爱里。

建议

（3）可从提高单科成绩开始，逐步提高总的学习成绩，获得真正的自信。

（4）充分利用自己行动力强、做事有魄力的优势，增强体质，多参加体育锻炼，适当参加有挑战性的活动。同时，确定未来的相关发展方向，并为之做一些相应的准备。

（5）如果自己也被霸凌过，收起自己的报复心，学会以己度人、设身处地地为他人着想，这样才能造就大格局，吃得起亏的人才能干大事，有大谋。

（6）如果评估自己是一个兴奋时容易忘乎所以、不顾后果的人，那这一生可能都要修炼一个字："度"。任何时候做任何事情都要注意分寸，提醒并管理好自己，以不伤害他人同时也不伤害自己为底线，以防止发生意想不到的、不可逆的恶性后果，害人害己。

2. 对于校园旁观者的建议

（1）在明辨是非的情况下，要敢于伸张正义，培养自己敢说敢做的人格魄力。

（2）敢于舍弃"小我"利益，团结同学一起反抗校园霸凌。锻炼自己解决问题的魄力和能力，增强自信和行动力。

（3）不做搬弄是非者。

3. 对被霸凌者的一些建议

（1）一旦被霸凌，就要尽力维护自己的尊严。生命是自己的，绝不允许他人的践踏。要迅速把事情的真相告诉老师、家长，或者能给予你帮助的、有威望的可靠家人、亲戚，寻求他们的帮助。

（2）"众人拾柴火焰高"，放下小的自我，把自己融入团体中，发挥自己的优点，善用团体的力量提高自己的安全感和归属感。任何时候，不要把自己放在一个团体的孤立无援的边缘人位置。

（3）用进取超越迷茫和自卑。学习好是第一位的，同时用智慧和勤奋完善性格中的缺陷，让自己更强大和具有吸引力。当然，这是一个耐得住寂寞、克制得住欲望、能承受住孤独、劳心劳力的过程。要坚信有付出就会有收获。

（4）适当调整自己的自尊水平，没有原则性问题以及个人力量不足的情况下学会低头。要容许自己不完美，同时，培养自己善于挖掘他人的优点的能力。和他人相处时，感受他人的优点，这个相处过程平和而愉快，双方都会感到轻松、灵动、有活力、安全和有创造性，霸凌行为基本不会在这种环境下发生。

要对霸凌行为说"NO"

（5）被校园霸凌的情况严重，除了求助于他人，也可以采取转学、休学等方式逃脱。但这种做法治标不治本，因为"有人的地方就有江湖"，最好寻求心理医生的帮助，促成心理成长，提高自己了解自己、了解他人以及解决问题的能力。

（6）霸凌行为发生时，被霸凌者处于一种"鱼肉"的位置上，是否直接彰显了霸凌者的"坏与恶"？这样的懦弱表现只能让对方有恃无恐，对被霸凌者没有任何好处。被霸凌者想办法奋起反抗，才有可能给自己带来一线生机。

（7）如果被霸凌者有自虐倾向，则与霸凌行为契合。从这个角度讲，霸凌者成为"坏人"得不偿失，无论何时何地，一个人从保护自己的名誉、身体角度讲，最好自觉隔绝"霸凌"他人的念头。

荣格说："理解自身的阴暗是对付他人阴暗面的最好方法。"看似简单的霸凌行为，却暗藏霸凌者、被霸凌者、旁观者诸多潜意识里没有上升到意识层面的内容。人在成长的过程中遇到的所有的事情，都带给人了解自己、促进自己成长的机会。

（8）有人说："思想不在一个高度，尊重就好；三观不在一个层次，微笑就好；有些人看清就好，不要翻脸；有些事明白即可，不必深究；别人待我如何，是我的因果；我待别人如何，是我的修行；聪明的人不在别人的嘴里沦陷，只在自己的心中修行。"这些话，特别适合被他人言语攻击的人。当然，必要的时候还是要进行反击的。

五 一位教育专家在青少年遭遇人身攻击时的建议

（1）大声地警告他："不许打我！"这来自所有动物遭遇危险时的本能反应，以"吼"壮自己的气势并给对方以威胁、警告，同时也向周围发出求救信号。

（2）想办法和对方保持距离，闯出去或者退到比较安全的位置，不能示弱，从心理上给对方以影响。

（3）要把被攻击事件完整地告诉自己的亲人或者老师，顺序是：在某时……某地……某某要我……他对我做了什么……结局是……。切忌慑于霸凌者的威胁而一个人默默承受被霸凌事件。在校园里是不可能允许某些学生无法无天的，即使那个学生有很强的家庭背景。

在国际事务中，中国人一直坚守自己的誓言："中国人不惹事，但也绝不怕事；中国人不欺负任何人，但也绝不任人欺负；我们绝不屈服于任何强权政治和武力讹诈……"中国人有自己的底线，也一直坚定地践行着自己的誓言、诺言，也正因此，我们的国家今天才能在这个世界上拥有一定的国际地位。一个国家是这样，人与人之间也是这样。就像毛泽东同志所说："青年人好像早晨八九点钟的太阳。"青少年就是国家的希望，青少年一步步构筑起来的铮铮硬骨关系着国家的未来、民族的未来命运。

愿自信与勇敢永与你同在，愿你常常宁静而美好。

送你一朵小花花 🌸

转学与休学

　　在目前的教育系统中，每个学期都有学生休学，部分学生转学，导致正常的教学工作被打扰，这已经是学校面临的一个难题。在什么情况下转学？什么情况下可以选择休学？转学之后要注意什么问题？休学之后要做什么事情？此时学生仍会面临很多问题。

 学生转学的两种情况

1. 随着父母工作和生活的迁移而转学

　　这是家长和孩子都迫不得已做出的选择。因工作原因，父母要经常转换工作、生活的地点，导致家庭居住环境的不稳定。这种转学对孩子的影响有以下几点：

　　（1）在小学或中学不能建立稳定的同伴关系，容易孤独。如果父母的工作忙碌，缺少和孩子的沟通，孩子遇到事情不能及时和他人沟通而影响心理的发展，更多的时候导致性格内向、敏感等。

　　（2）频繁转学需要去适应新环境，这也会对孩子造成巨大的心理压力。特别是不同老师的教学水平和风格、不同地区学生的整体水平和语言障碍容易导致适应障碍，最糟糕的情况是被歧视或排挤等。

　　（3）因为适应新环境以及建立新的伙伴关系会消耗很多精力，导致孩子不能安心学习，影响学习成绩和自信。

　　建议这样的家庭：除非承担着国家、民族的大任，否则父母都要尽量为孩子建立一个学习、生活的"根据地"，有固定的人陪伴孩子成长。

2. 在原来的学校人际关系困难或者发生了特殊事件后转学

这属于家长和孩子的主动性选择。这样的转学利于总结经验教训，重新开始学习和结交朋友，建立友谊。无论既往发生了什么事，转学者都要清楚"有人的地方就有江湖"。所以，在转学之前最好给自己一个"复盘"的机会：在家人或熟知自己的人或心理医生的陪伴下，对自己既往的问题做一个分析，增加对于自己的了解，以便扬长补短，争取在新的环境里避免再发生既往的不利事件。任何时候，不要把人性想象得多么美好，同时，也不必太过悲观。

3. 转学前需要做的准备

（1）打听好新学校的校风，包括是否要住宿，学校对学生是否要求很严格，升学率怎样等，做好适应环境的准备。如果有条件，最好等放学的时候看看学生的风貌：是否有精气神，是否脸上洋溢着青春才有的朝气和幸福感等。

（2）打听当地的语言习俗。如果语言不通，在转学前尽快学习当地语言，转学后通过同学进一步熟悉当地的习俗，这些也会帮助自己和同学建立友谊。

（3）事先预习好转学后要学习的课程，必要时下调一个年级，以便更有精力适应新的生活环境和学习环境。

二 关于学生休学的几个问题

1. 休学的历史沿革

二三十年前，学生休学的主要原因多是身体疾病或者严重的智力问题；之后的十年左右是一个逐渐过渡的时期，休学的原因多是以失眠、焦虑、注意力下降等为主的身心疾病；而最近的十年左右，休学的原因多是比较严重的精神疾病，如抑郁症、焦虑症以及人际困难、身心疾病等，少数是严重的精神疾病，如精神分裂症、强迫症等。改变的主要原因是学习的压力越来越大，学生的思维内容越来越复杂，情感越来越丰富。

2. 学生休学期间的注意事项

学生因为人际关系困难、精神疾病等原因提出休学，学校对于休学的学生一般是有一些要求的，比如进行足够疗程的心理治疗，必要时配合药物治疗等。学生该怎么安排这段时间呢？建议如下。

（1）多参加体力劳动。农村的孩子家庭中有大量的农业劳作需求，这是一种便利；城市的孩子如果有农村的亲戚，也可以给自己一个和大自然亲密接触的机会，在和自然融合的过程中达到身心合一，精神得以休整（农业劳作总会把身体的力量用至极限，基本没有精力去抑郁和焦虑）。另外还可以学习跳舞（最好是劲舞）、武术、音乐（唱歌或演奏乐器）、绘画等，这些不但能让自己的休学时间充实快乐，还能给自己未来愉悦身心储备好一项技能或基础。

（2）扩大自己的知识面。了解自己的兴趣爱好在哪里，利用这段时间专注、系统地了解学习，为自己未来希望从事的事业奠定基础。

（3）查漏补缺。如果学习有偏科，抓住这个休学的机会专门学习弱项课程，可以重学既往的课程，同时预习未来的课程，使得再上学读书时更加自信。

（4）因为人际关系不良而休学的学生，最好利用这段时间学习一些心理学知识，并定期进行心理治疗，促成心理成长。同时迫使自己参加一定的社会活动，如果年龄太小，可以试着做志愿者，锻炼自己和他人打交道的能力。

（5）因为学习成绩骤然下降或连续下滑而休学的学生，自尊心受损，信心不足。可以放下书本，在休学期间游览祖国山河，开阔视野，挑战自己的身体极限，感受来自自然界和生命本身带来的快乐。

（6）因为恋爱受挫而休学的学生，显然已经意识到"谈恋爱"不是一件简单的事情。谈恋爱不但需要时间、精力、智慧，还需要有忍受相思之苦、抚平失恋之痛的能力。休学期间建议放下对感情的执念，读书、运动、旅游等，要拓宽自己的视野，才能藐视当下的困难。

在历史的长河里，每个人的一生就那么一小小段，十分宝贵。因为宝贵，命运就尽力让每个人尝尽人世间酸甜苦辣所有的滋味，所以，每个人的人生都不容易。在适当的时候坐下来休息下也未尝不可。

心理学家、精神病学家维克多·弗兰克尔 37 岁时被投入纳粹集中营，在见证自己的父亲死亡、亲人离散的情况下，内在的生存动力让他在恶劣的环境中寻找到活下去的意义：利用自己的知识为狱友做个体和团体心理治疗，鼓励大家树立坚持活下去的信念。多年后，维克多总结这段经历，认为无论在多么艰难的环境下，如果一个人给了自己活下去而且活得好的希望，他就能渡过这个难关。

无论是休学还是转学，无论是否考学成功，无论未来是什么样子，人只要确定目标、做好准备就可以满怀希望地往前走，不管接下来的路是什么样子。有了希望，一切都会向美好的方向发展。

送你一朵可爱的小花花

偏科问题与考试焦虑

 关于偏科问题

人的大脑是可塑的，而且易受外界影响，这种可塑性会贯穿人的一生，所以，人的一生都可以学习进步。中学是大脑可塑性最强的时期，这时候付出的努力和人生的其他任何一个阶段相比都更能起到事半功倍的效果。随着社会的进步，任何一项技术的发展都越来越离不开其他行业的支持，多行业的基础知识的储备当然也压在学习能力强的中学生身上。所以，中学生学习压力大也是理所当然的。这时候因为精力有限、对于学科的喜好不同等，很多学生会出现偏科情况。

1. 导致学生偏科的主要原因

（1）和一个人小时候大脑的开发相关。比如在音乐家、画家的家庭里长大的孩子，对于音乐和绘画的感知觉比较发达；在父母爱好并经常谈及历史、文学、设计、数据管控的家庭里，孩子对于历史课、语文课、数学课等更为擅长。

（2）与天赋有关。有的孩子家族中没有擅长数学、物理、化学的，但当他一接触这些科目就一点即通，学起来轻松自如，只能推测与他们的大脑功能相关。这些人在某些方面是"天才"，而且将来有可能在这些方面成为国家的栋梁，能为社会做出重大贡献。

（3）和一个人的兴趣相关。如果一个学生觉得数学或者化学很有趣，那么，他一拿到相关科目的书本，大脑细胞就会迅速兴奋起来。与此同时，他身体里的很多能量也会倾注到对这些感兴趣课程的学习中去，相关科目的考试成绩自然会很好。

（4）关于偏科的传说。似乎大家都有一个共识：到了中学之后，很多男孩的数理化水平快速提高，而许多女孩的文科（需要大量记忆的英语、语文、历史等课程）成绩偏于优秀，于是，就考虑是男女的大脑功能有差异所致。但是，目前的科学研究表明没有明确的证据显示男性、女性在大脑的结构与功能上一定有确切的不同，相反，个体之间的差异却很

大。男女之间思维方式的差异更倾向于受到社会的暗示和期许、激素水平的变化、经济的独立程度等共同因素的影响。一个中学生的学习水平不只与智商（学习、记忆、推理等水平）相关，更与一个人的自信心、意志力和目标性相关。因为女孩每个月定期的激素水平改变会直接影响其精力和情绪的稳定性，这在一定的程度上也影响了男女同学的公平竞争。从这个角度讲，女性想获得和男性一样的成就，可能需要付出更多的努力，无论是文科还是理科。

（5）和性格的相关性。外向的孩子可能更趋向于需要大量记忆的科目，内向的孩子因为能安静地让自己的思维进入理性的分析、推理的科目，所以，相对而言其理科成绩可能较好。但无论如何，"静生慧"，无论是外向还是内向性格，一个人只要在学习的时候能静下来，他的学习效果都不会很差。

总之，对一个人来说，他将自己的兴趣、激情用在哪一个科目的时候，他的那一科目的成绩就会相对较好。学习是自己的事情，别人的成果只能作为参考，依据自己的资质完成好学习任务才是最主要的。

2. 出现偏科怎么办

（1）培养学习弱势科目的兴趣。人一生要做很多自己不喜欢做的事情，包括要和自己不喜欢的人相处。如果不能解决这个"不喜欢"，那将会把自己拉向痛苦和烦恼的深渊。既然学习的动机和兴趣爱好能提高一个科目的学习成绩，那首要的问题就是培养学习这个科目的兴趣和爱好，而培养兴趣爱好最直接的办法就是"干，就完了"！不用想太多，直接静下心来学习，然后体会、享受因此而获得的进步带给自己的快乐和自信，相信用不了多久偏

科问题就会得到解决。无数事实证明：当一个人把心思和精力用在哪里的时候，他就会在哪里有收获。

（2）初中的学习科目是学生了解世界的基础知识。懂得这些科目的知识不只是为了向家长、老师汇报学生的学习效果，更多的是为学生有更好的生存知识和能力做必要的知识储备，所以，没有必要带着拒绝、不喜欢等负面情绪对待这些科目。

（3）增加自信心、意志力和目标性。针对自己不擅长的科目，确定短期的和长远的学习目标，逐步获得进步，最后才能获得成功。

（4）高中生如果未来想进入心仪的大学读书，必须依赖自己不擅长的某些科目支撑，那在高一、高二的时候就必须学通这些科目了。到了高考前，就要有的放矢地提高重点科目的学习成绩了。

（5）人无完人，学习这件事也不可能达到完美，偏科就是例证。实在没有能力学好那一门课，适当地放过自己也是可以的。学习是每一天的事，幸福生活、幸福学习更是最重要的事。

二 考试焦虑

很多学生害怕考试。害怕会导致紧张，害怕和紧张都属于焦虑情绪。再优秀的学生，面对考试多少都会有点紧张，如果不紧张，他就难以在有限的时间内完成考试。导致考试焦虑的情况有两种：

一是自信心很足。稍微紧张的焦虑，夹杂一点兴奋，常会考取好成绩。但如果太看重成绩，考试中遇到意想不到的难题可能会慌神，反而考砸。

二是自信心不足。知道要考试的科目没有学习好，又害怕考试失败，常因太过紧张而不能安心做题，导致考试失利。

如何调整考试焦虑呢？可以从以下方面着手。

1. 顺其自然

如果与整体知识掌握不够牢靠有关，且与自己的智商相关（很努力也学不好），应对策略：只要进入考场就顺其自然。

2. 对自我要求不要太高

追求学习成绩的人一般对自我要求高，自律性也高。但如果对自己事事都要求高，就可能产生过多的约束，成为易焦虑型的人，那只是在考试前容易焦虑，面对人生的每一次大考、小考都会焦虑。焦虑值太高，反而越容易导致失败，身心受创。这样的人，要学会对自己宽容。

3. 提高自信

策略：①养成能在他人面前展示自己优秀的习惯。②经常制定可实现的小目标，培养自己的自信心。自信的人自带一种优越感，具有较强的人格魅力，易获得他人的信任。

4. 确定目标勿太高

策略：①正确评估自己的实力，制定具备可行性的目标。②平常心看待成功和失败。③降低欲望，做人做事适可而止。

5. 解决偏科问题

策略：①参照本话题前面内容，努力学习弱势科目。②努力了，接受结果。

6. 隔离他人的影响

策略：教养者对于孩子的学习成绩太过紧张，无形中会把其紧张情绪传递给孩子。一般是父母把自己未竟的梦想寄托在儿女身上，希望儿女通过考试升学完成自己未竟的心愿。此种情况建议教养者看心理医生，进行心理成长。

7. 去除讨好的欲望

有的孩子因为曾被成长过程中的重要他人忽略而逐渐形成讨好人的个性，以此获得关注和被寄予希望。提高考试成绩是学生时代讨好长辈最直接的方式，所以才被看重和令人紧张。如此形成习惯，忘记了学习的乐趣，容易偏离自己人生的目标和方向。

学习是自己的事，考试是学习过程中的一个个小小的环节。只有那些人生目标明确，对自我有清醒认识的人才会不慌不忙地做自己的事，平心静气地迎接人生所有的考验。

愿你人生的每一份试卷，都能张扬出你的进步和骄傲。

送你一朵怜爱的小花花

高考进行时

班级管理

有些学生在辅助老师进行班级管理时，因遇到很多问题而郁闷、焦虑，如何管理好班级也是一门学问。

历史学家阿克顿勋爵说："每个时代的自由都面临四大威胁：①强人对于权力集中的渴望。②穷人对财富不均的怨恨。③无知者对于乌托邦的向往。④没有信仰的人把自由和放纵混为一谈。"自由是每个生命体的内在需求，但是，自从人有了系统性的组织，就不存在绝对的自由了。对于权力集中的渴望，也是雕刻在人的基因里的一部分。所以，当一个班级以团体的形式存在的时候，自然就有了权力的集中和分配问题。显然，学校已经分配了这个团体的最高领导——班主任，拥有整合班级管理层的权力。

学校出现校园霸凌现象是学校管理的失误，如果班级出现暴力欺弱、脏乱差的现象就是这个班级管理的失误。班级设置层次管理，就是为了班级有一定的秩序顺利发展下去，任何阻碍班级正常运转的事件都是班级的领导者——班主任所不愿意看到的。

1. 班级管理的设置

班级共五个梯队，见图 2-1。

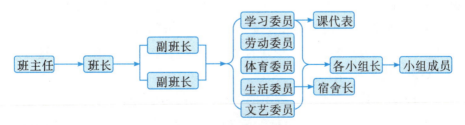

图 2-1　班级管理的设置

2. 班级管理各梯队的职责

（1）班长（第一梯队）：班长直属班主任领导，总体监督、管理班级的学习、生活、纪律等各方面。

（2）副班长（第二梯队）：一般设置两个。职能：①班长不在岗时管理班级；②辅助班长做各种决策并监督执行，同时管理第三梯队的工作。

（3）学习委员、劳动委员等（第三梯队）：①接受副班长的管理；②分管学生学习、劳动、体育、娱乐、日常生活等各方面（学习委员梯队管理有课代表，生活委员梯队管理有宿舍长）。

（4）各小组长（第四梯队）：接受第三梯队的管理，实施具体的管理工作。

（5）小组成员（第五梯队）：接受并积极配合各小组长的管理。

3. 班级管理的主要任务

（1）遵守学校的规则、制度在校学习、生活，按时完成学业、升级。

（2）顺应学校管理的网络化趋势，促进班级凝聚在一起。

（3）整个团体协调合作，班级才能在一个有约束的环境下自由地学习、生活。

（4）各班级相互学习和竞争，形成良性竞争的、具有活力的风气。

4. 班级管理对于班干部的要求

（1）班长：①集体荣誉感强，善于学习。②善于发挥副班长的作用。③善于社交，能和其他班取长补短。④能及时发现或解决班级存在的问题并就此主动和班主任沟通。⑤具有深受大家信任的个人魅力，多数都很阳光、外向，乐于帮助他人。

（2）副班长：①接受班长的领导，积极辅助班长的工作。②具有一定的影响力。③分管下一级工作，监督执行结果。④副班长之间也有竞争，最好分工明确。

（3）各委员：接受副班长的领导，执行好自己分管的工作。

（4）小组长：接受第三梯队的领导，组织、监督各个小组成员遵守规则、规定，完成各项任务。

（5）各课代表接受学习委员的领导，共同监督管理好学生完成其主要任务——学习。最主要的事情是按时收发各个科目的作业。各宿舍推选出宿舍长接受生活委员的领导，管理好住宿学生的生活。

（6）各小组成员：接受小组长领导，完成各项任务。

5. 关于班干部需要强调的问题

（1）班干部没有名利可言，不同于成人世界的领导。班干部只是一个辅助的位置，是一个集体凝聚催化器。

（2）如果有机会，建议每个同学在学生生涯争取至少做一次班干部，给自己一个成长和体会的机会，以锻炼自己的胆量和把握为他人无私奉献的机会。原因如下：第一，无论将来走向哪个行业，人到中年或者更早，几乎每个人都有可能走向管理岗位。除了行政管理岗位，如果无例外，几乎每个技术人员都很有可能成为某一方面的专家，都会有机会带领技术团队。如果有机会在学生时代做班干部，可以锻炼一个人领导他人的魄力，潜意识改变一个人的人格魅力，所以，大家要尽可能地争取做班干部的机会，也可以和老师、同学商量，以轮值的方式给每个同学锻炼的机会。第二，被推选为班干部，只是体现了大家对该同学某方面能力的信任，但和其本人是否真的能领导好团体没有直接的关系。所以，被选举为班干部不能骄傲自满，为所欲为，要记住"水能载舟，也能覆舟"，争取在做班干部期间勤奋好学，成绩好，工作做得好，更要谦卑，以行动感谢大家给自己的这个机会。第三，如果竞选班干部失败，千万不要灰心，这并不能代表自己不具备管理能力。静下心来锻炼自己和他人交往的能力、能给他人带来欢乐的能力以及展示自己的能力，为下一次竞岗做好准备。第四，竞选和担任班干部是自己的事情，千万不要把父母、亲人带到班干部的竞选之中，这对锻炼一个人的竞争能力、展示自己的能力没有任何的好处。第五，班长、副班长等都是管理层，但是，在小组里还是组员，需要接受小组长的领导，接受各个委员的监督，所以，班干部没有高低之分，只是一个相互团结合作的整体。团体的凝聚力越强，团体的力量越大，团体的每个人才更能获益。最高领导把他人获益放在首位的时候，他才能最终受益。第六，组员是团体管理层的最底层，为何也是管理者？因为他首先要承担自己在团体中的责任：服从并促成班干部的管理，同时管理好自己，需要更自律的付出。促成他人的管理成功也是一种奉献，最后的荣誉是整个集体的。虽然没有被辞退的风险，但是，如果做不好失去的利益却是最大的。每个人未来的工作，开始时可能都是这种状态。锻炼自己辅助他人的能力，也是为自己的未来做的一项准备。

每个人都有自己的优秀之处，班干部只是同学中更为突出的优秀者，是同学们选出的希望成为自己榜样的人，所以，所有的班干部身上都承担着做榜样的责任，当班干部也是一个人培养自己自律和他律的过程。班干部可以在班级这个团体里发光发热，但是，优秀的班干部却是一个更能支撑他人发光发热的人，除了学习成绩不能相让（关乎自己的梦想），他应该是那个站在每一个发光的个体后面的人。记住：当你支撑了别人，他人的光芒一定会照亮站在他们身后的你。

优秀的团体，首先是团体成员的积极协作，然后才是团体成员之间的竞争。在学习生涯，班级这个团体首先要积极协作完成学习任务，然后是学习成绩的竞争，最后才是竞争个人为他人服务的机会。

自由的班级，是每个人都能成为最好的个体的集体。下课时欢声笑语，上课时自律、活跃，回到宿舍时就像回到家，每个人的脸上都洋溢着希望的光芒，这才是检验一个班级是否管理优秀的明证。回过头来再看看阿克顿勋爵的名言，在班级里，自由所受到的威胁也存在着"强人对于权力集中的渴望"。因为当班干部能让一个集体焕发出耀眼的自由和快乐，拥有这样的渴望也未尝不可，而这个渴望源自希望他人快乐的一片诚意，源自对他人的爱。心理学家荣格说："当爱支配一切时，权力就不存在了；当权力主宰一切时，爱就消失了。两者互为对方的影子。"所以，任何时候，当你评估自己有足够的爱的时候，你就可以考虑去竞选班干部了，长大后也可以去竞争任何领导岗位了；只要你足够优秀（有智慧）又有足够的爱，你就能让你所在的集体自由而快乐。

送你人间最美的花

关于宿舍管理

宿舍管理是班级管理重要的一部分。主要负责人仍是班主任，由生活委员总负责，各宿舍长主要承担管理工作。宿舍管理和宿舍住宿，要注意以下几个方面：

（1）在生活委员的带领下，住宿的同学按照每个宿舍的人数情况确定1~2个宿舍长（6人以下可以推选1个宿舍长，6人以上可以推选正、副2个宿舍长）。以公平公正为出发点，宿舍长可以以月为单位轮流值班，目的是调动每一个住宿生管理宿舍生活、卫生的积极性，锻炼每个人管理小集体的能力。

（2）宿舍也是一个小社会，为了防止宿舍内的霸凌行为，减少宿舍内同学之间的矛盾，宿舍最好像家庭一样形成规则，参考"家庭会议"，定期举行"宿舍会议"，锻炼学生的表达能力和积极解决问题的能力。建议每个月一次。同时，开展每月一次的生活委员带领下的宿舍长会议，这样能更好地掌握各宿舍同学的生活状态，以便更好地进行宿舍管理。

（3）宿舍同学之间确实有难以解决的矛盾问题，宿舍长或者不适应环境的学生可以直接和生活委员、班主任沟通，为学生调换宿舍提供便利。

（4）各宿舍之间定期进行卫生、文化艺术、体育等大比拼，以提高宿舍人员的凝聚力，在同宿舍同学相互理解、包容、接纳和扶持的协作中扩大学生的格局，减少人际关系对于学生情绪的困扰。

（5）当宿舍长发现宿舍成员有身体和心理问题时，要组织大家相互帮助，必要时要向生活委员或班主任报告，确保宿舍成员身心健康地生活、学习。

（6）所有宿舍成员一律平等，相处过程中切忌随意欺侮性格懦弱的同学，做事有度，顾及他人的需求，学会退步、让步；预防耀武扬威、欺人太甚反而被欺侮的学生暗中报复。一起和平共处，勿斤斤计较，始终坚持快乐完成学习任务的大方向。

（7）不做搬弄是非之人，尽量不用粗俗的语言。每个人的成长环境不同，住宿时的表现自会呈现每个人的家庭教养，说话做事要顾及他人的感受。每个人的时间都很宝贵，闲谈莫论别人非，勿打小报告，对同学有意见最好当面提出来和平解决。

（8）舍友间打闹、开玩笑要适度，肢体行为要掌握力度，勿给他人造成重大伤害。开玩笑要让对方觉得开心才是玩笑，否则可能成为隐形的欺凌。别人自嘲时勿附和，可以以幽默的方式化解，如果附和可能会导致对方自卑或愤怒。言语后面蕴含着能量，一句话可以点燃他人的希望，也可能是压垮他人生命的最后一根稻草，所以，夸奖他人的话可脱口而出，而诋毁他人的话要谨慎而为。

（9）在宿舍群体中不做孤僻的人，锻炼自己积极协作的能力、能共同创造幸福生活的能力。只有把自己融入集体中才会充分感受到安全和和谐。

（10）有的学生独立性不强，但会撒娇卖萌或者使用其他手段，迫使一些不会拒绝的同学帮自己做事，其实也是一种隐形的欺凌行为，长期下去会引起对方的反感或愤怒，切记在学校住宿要锻炼自己自立的能力。

（11）任何人的傲慢都会招来嫉妒和愤怒。和同宿舍人相处，越优秀的人越要谦卑、和善，在生活中越要发现、肯定、赞美他人的优秀之处；必要时可以帮扶他人，让每个人都有存在感和自信心，让宿舍成为每个舍友可以放松的、被接纳的安全港。

（12）宿舍是既定人员休憩的地方，也是相对比较隐私的地方，非特殊情况勿留宿他人，特别是其他舍友不欢迎的人员。

（13）宿舍成员刚入住，先用心发展同舍友之间的友谊，之后再用心交往其他朋友。切勿联合其他朋友与同宿舍人员作对，但当自己和其他舍友有矛盾时，可以请朋友调解。同宿舍成员确实在作息、生活习惯等方面不能和谐相处，可以考虑调换宿舍，勿形成长期的对抗关系。

（14）有零食时多和舍友分享，生活上相互帮扶，学习上相互促进，宿舍卫生合理地分工合作，共同努力维护宿舍小团体的凝聚力。

心理篇

人类的情绪

　　中国古代哲学家通过观察、总结，发现人类生存的自然界里所有的物质根据其特征都可归属于木、火、土、金、水。从此之后，世间的一切都有了归属，它们之间相生相克的联系也开始明晰，于是，古代朴素的唯物主义"五行学说"理论诞生了，并随着古代文化的发展不断得以完善。失控和未知是最能带给人类恐惧的，当对于世界的认知开始清晰之后，人开始和自然达成和谐，在有限的能力范围内征服自然，所获得的成就使人的内心得以安宁，在此基础上人类的智慧迅速开启，人类文明也得以快速发展。

　　随着医学的发展，古代医家根据人也是自然的一部分的哲理，把人体的各个部分以及它们之间的关系成功地和"五行学说"理论结合起来，使用推理验证证实其正确性。于是，属于中医学的"五行理论"正式诞生，成为中医理论体系很重要的组成部分，数千年来，以其神奇的有效性指导着华夏儿女的日常生活、思想意识，守护着祖祖辈辈的身心健康。中医学，是人体生存状态的哲学。

　　自然界和人体的器官、组织、功能等在五行中的归属见表3-1。五行归属里，人类的情绪归属为"五志"：怒、喜、思、悲、恐。情志五行和其他的季节、方向、颜色、气味等五行归属一样，是五行学说的一部分。它们归属于人的生命，是自然界的一部分。当"五志"和"五行"相连接之后，朴素的中医心理学诞生。心理学是关于人生活的哲学，是人和自然相处的过程中人的心理状态的哲学。

表 3-1　五行归属表

人体外自然界								五行	属于自然界的人体									病位	变动	五志	惊乱
五音	五味	五色	五化	五气	五方	五谷	五季		五脏	五腑	五官	五体	五华	五液	五脉	五神	五声				
角	酸	青	生	风	东	麦	春	木	肝	胆	目	筋	爪	泪	弦	魂	呼	颈项	握	怒	上
徵	苦	赤	长	暑	南	黍	夏	火	心	小肠	舌	脉	面	汗	洪	神	笑	胸肋	忧	喜	缓
宫	甘	黄	化	湿	中	稷	长夏	土	脾	胃	口	肉	唇	涎	缓	意	歌	脊	哕	思	结
商	辛	白	收	燥	西	稻	秋	金	肺	大肠	鼻	皮	毛	涕	浮	魄	哭	肩背	咳	悲	消
羽	咸	黑	藏	寒	北	菽	冬	水	肾	膀胱	耳	骨	发	唾	沉	志	呻	腰股	栗	恐	下

　　人的一生，因为要付出各种各样的努力，继而经历大大小小各式各样的成功和失败，内心会激起多多少少的喜怒哀愁。时间从不会因为某个人的脚步停止而等候，所以，很多人来不及处理那些内在的情绪就要继续往前走。那些来不及处理的情绪，有的会随着时间的流逝而逐渐消散，有的只能深藏在人的生命之中，其中一些最终因为生命的结束而消失；但另外一些，在未来人生的某个时刻会因某些事件不经意间被调动起来，以爆发的形式彰显它的存在。比如，当一个人曾经失去某个重要对象的时候，他的内心产生了很多来不及处理的悲伤，于是，他的这份悲伤就藏在他的生命中；当未来的某一天，他又经历了类似的失去而又产生悲伤的时候，他原来储藏的那份悲伤被"勾引"出来，此刻双份的悲伤不是简单的叠加，而是可能以原来程度的数倍爆发出来。

　　随着生命历程的延伸，每个人的经历越来越丰富，人们体会各种情感的机会也越来越多，内心压抑的情感也会越来越丰厚，最终，在各种情感交织、互动之下，人的情绪会处于一个基本稳定的状态，这就是每个人所特有的情绪主轴线。每个人的情绪主轴线高低不同。情绪主轴线的中间位置水平，是假定人的情绪像平静的湖水般波澜不惊，此刻，人的内心与

外界达到了"天人合一"的状态；该水平之上，是从喜悦到兴奋到失控的一层层阶梯；该水平下面，是从低落到悲伤到淡漠的一层层阶梯。每个人的情绪主轴线都会在周围环境或当下的境遇、自己的认知等因素的共同作用下发生移动，此刻，在这条主轴线上的是一些属于当下的某种强烈的情绪，如五行的怒、喜、悲、恐、思等。

因为每个人内心掩藏的情绪（是心理治疗过程中精神分析的主要内容）各不相同，难以作为观察对象。但这条主轴线上的情绪是当下最为明显的情绪，会直接影响人的身心健康，就自然而然地成为人们研究的课题。

国内外关于人的情绪的研究一直在进行着，比如，单纯对情绪的分类就有不同的观点，见表3-2。

表3-2　不同学派对情绪的分类

学派	对情绪的分类
中医学	喜、怒、思、悲、恐（惊）
现代心理学	快乐、愤怒、恐惧、悲哀
普拉特切克（美国心理学家）	快乐、愤怒、恐惧、悲痛、惊讶、厌恶、期待、接受
伊扎德（美国心理学家）	愉快、愤怒、恐惧、悲伤、痛苦、惊奇、厌恶、兴趣、害羞、轻蔑、自罪感

从以上情绪的分类来看，众多的情绪大致可分为两类：①正常人都喜欢的情绪——好情绪，亦即正向的、积极的情绪。②不好的情绪，亦即负向的、消极的情绪。前者有愉快、快乐、兴趣、接受等，后者有愤怒、悲伤、痛苦、恐惧等。好情绪会带给人好的情绪体验，增加人的幸福感，不好的情绪正好相反，有可能使人消沉、痛苦甚至想以消灭自己的方式得以解脱。总之，只要人还活着都会努力地付出，都在期望增加自己生命中愉悦和幸福的情绪。

所以，当你的情绪主轴线偏低的时候，请关注自己的心理成长。你需要自己学习或者在心理医生的陪伴下剥离那些掩藏在你生命中的某些事件带来的负面情绪。

所以，在你人生的某个时刻：

感受到痛苦的时候切勿认为你只有痛苦。那只是你人生中某个时刻或者时间段最为明显的情绪，你最好不要被不良的情绪控制，强迫自己静下心来，仔细梳理一下，值得你欣慰和愉悦的其他事情肯定不止一件。

欢喜的时候就尽情享受当下的快乐，因为未来的人生路上，谁也不知道还有什么样的"五味杂陈"默默地等着你。

恐惧的时候切勿停止你探索挣脱出去的努力，因为所有黑暗的尽头都是光明。

绝望的时候切勿认为你一定就没有希望，因为所有人都知道"山重水复疑无路，柳暗花明又一村"，没有永远的失败，就像没有永远的成功。

所以，面对各种情绪，你最好学会泰然处之，还要学会静待花开，更要学会期望未来。

送你一朵满载希望的小花花

人生的意义

人活在同一个地球上，其状态却截然不同：有的人好像活得有滋有味、忙忙碌碌、欢欢喜喜，有的人却活得安安静静、无欲无求，还有一些人活得哀怨愁苦、穷困潦倒。无论每个人活得怎样，最后也都要离开人类的世界，回到最初的无机成分状态。那么，人来人世这一趟到底有什么意义呢？很多青少年因为找不到人活着的意义而觉得活着无趣，彷徨又悲伤。

关于"人生的意义"这个话题，无数哲学家、思想家都探讨过，但至今没有一个大家都认可的答案，于是一代又一代人还是不断地探索着。人们活着的一个大目标就是让这个世界更美好，人生更完美，因为这个世界总是有瑕疵，人生永远不完美。属于人生观、世界观层面的"人生的意义是什么"，如果古今都没有一个完整的答案，那是否意味着这个答案就是指引着人们在意识层面可持续发展的一份动力呢？

可持续发展是人的安全感的特别重要的内容。

"小孩子家家，还没有好好活过，谈什么人生有没有意义？"有家长因为孩子总觉得人生没有意义而急得朝着孩子吼。话糙理不糙。就像人们第一次种水稻，种出来的水稻到底能不能吃？好不好吃？值不值得再种？人们只有等未来水稻成熟的时候才能对于这个事件做一个评估，即使收获后给了一个评价，再种后未来会是什么样的前景呢？——谁也不知道。人生的路确实十分难走，每个人都要经历很多的酸甜苦辣甚至磨难，但这一生值不值得一个人走一趟，走这一趟的意义到底何在，确实是当每个人走完之后才能给自己一个比较贴近真相的评价。

有这样一条金毛狗，它看起来比周围的狗更聪明、活泼。独自待着的时候，它总是安静地若有所思的样子，它的主人常笑它："在思考狗生呢。"不明白狗的语言，人永远不知道一条狗安静的时候是否在思考问题，在思考什么问题。人们只能通过狗的行为观察到：狗很会讨主人喜欢。当主人高兴的时候，狗也特别开心；当主人悲伤难过的时候，狗都会很贴心地予以安慰，特别是这位动物界的"暖男"，更喜欢以自己的热情和肢体语言招呼客人，因此比主人更能让来家里的客人感受到被欢迎。如果狗和人一样也常常去想自己生命的意义，它肯定也想不明白，但它知道它要活下去，让主人和主人的客人喜欢能让它活得更好。

撇开狗的想法，从人的角度看，狗根本就不用考虑它活着的意义，即便聪明的金毛狗也只需要按照自己的喜好尽力地玩好、吃好、住好、别生病、乖一点就好了，原本就是很简单的一件事情，不需要额外附加任何的成分。

那么，人呢？如果从传说中的"神"的角度看人类，他是否也认为人不需要考虑那么多，吃好、住好、玩好、别生病、别惹事，顺顺利利走完自己的人生路就可以了呢？

"人，好像并没有那么简单！"只要人这么想，人就陷入一个永远没有尽头的问题之中了，是否就和狗在思考狗生的时候一样"只在此山中，云深不知处"呢？

另外，看看植物，它们竭力地想把自己生长到最好的状态。自然界常有这样的现象：当几棵植物枝叶缠绕在一起的时候，所有的枝叶都努力地向外、向上，特别是一定会朝向能接收到阳光的方向生长，不惜压制其他的枝叶，也要努力地把自己长出去。

再看看微观世界里的细菌、病毒，比如很多人都领教过其强大力量的新冠病毒，它从一开始就竭力地疯狂传播、滋长，到后来不断地变异，甚至免疫逃逸，以应对人类对它的阻拦。

所以，只要是生命，无论是植物、动物、微生物，它们都竭力地活着，竭力地长成能够达到的最好的样子。前路不可预测，唯一可做的就是在期待未来更为美好的情况下活在当下，活好当下。

带着美好的期待活在当下，活好当下，也许这就是所有生命生存的一部分意义吧！

但是，是不是还有其他角度的意义呢？

每个少年都应有自己可实现的梦想。想象着：当那个梦想终有一天来临的时候，自己会是一个什么样的状态呢？

人生最贴近现实的梦想，就是自己身处一个学习和工作顺利、家庭十分幸福、在人际关系上左右逢源的状态。在这个状态里，人能和自然、环境达到身心合一的境界；在这个状态里，人的内心充满的是喜悦，是满足。这时候，是否很有活着的意义感呢？

是的，当一个人活在满足、喜悦的状态的时候，就自然活在意义感里。

人在通往那种美好状态的路上需要付出很多的艰辛，包括青年学子在读书路上的每一节课，背诵的每一个单词，完成的每一个算式，经历的每一个人生的挫折。

在经历那些努力，渡过一个个难关的时候，仔细体会每一次的小成功，是否也有喜悦的味道在内心呢？而最基本、最微小的成功，不就是人的生命在这一刻能完整地"站"在那里吗？也就是说：人生的意义就藏在活着的每一刻当下的喜悦里。难怪总是抑郁的人感觉不到活着的意义，因为他感觉不到当下的喜悦，没有"站"在每一刻的那里。

即使分析到这里，"人生的意义是什么"还是没有确切的答案。但是，可以感知到它在哪里，是吗？——在未来（有期待）、在现在（当下的喜悦），就没有在过去吗？——每一刻过去，都是满满的回忆，当然也有意义。

和其他动植物一样，人也有长成最好的自己的内在需求。从低级需求向高级需求的发展，需要人有更加积极主动的努力付出；而每登上一个台阶，人获得的喜悦感、对自我和环境的满足感也会增高。意义感、幸福感都属于精神世界的需求，从人的需求层次来看，人必须完成从期望性需求到实现自我、超越自己需求的过程才能抵达。当还没有达到那个高度的时候，就要有耐心、有毅力地努力耕耘和收获，享受每一份小小的欢喜。

知识延伸

人的需求层次

心理学家马斯洛把人的内在需求从低到高分为五个层次（见表3-3）。

表3-3 人的需求层次

需求层次	包含内容	诠释
生理需求（physiological need）	食物、水分、空气、睡眠、性的需要等	它们是一个人存活下去的最基本需求。在人的需要中也最重要，最有力量，如果生理需求不能满足，人会付出一切代价去得到它
安全需求（safety need）	稳定、安全、受到保护、有秩序、能免除恐惧和焦虑等	它和生理需求一样，属于生存需求，具有强大能动性
归属和爱的需求（belongingness and love need）	要求与其他人建立感情的联系或关系。例如结交朋友、追求爱情	在生理需求满足的情况下发展，但是没有绝对的界限
尊重的需求（esteem need）	包括自尊和希望受到别人的尊重	与归属和爱的需求一样，属于理性需求，是小康水平下的有期待的需求
自我实现需求（self-actualization need）	指促使自己的潜在能力得到最大限度的发挥，让自己的理想、抱负得到实现的需要	最高层次的需求是衣食无忧情况下追求自己人生的价值、意义。具有能带领人克服一切物质和精神困难的动力，能让人的精神处于兴奋状态，极具创造性

心理学家把这种需求形象地以"金字塔"来表达（见图3-1）：

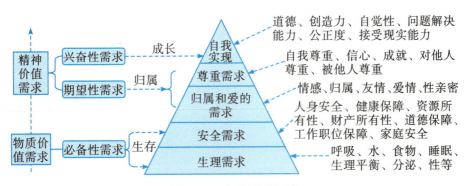

图3-1 人的需求层次

五个层次是由低级别向高级别需求发展的。人对于越是低级的需求就越急切想得到、越有力量去获得，越与动物相似；越是高级的需求就越为人类所特有。同时这些需求都是按照先后顺序出现的，当一个人满足了较低的需求之后，才能出现较高级的需求，即需求层次。事实证明：当达到越高层次的需求时，人越能感受到活得有意义，并能活得丰富多彩。

送你一朵爱的小花花

人生的苦难

　　婴儿从出生开始，他的父母就不能及时发现他的每一次吃喝拉撒的需求，而没有关注到的那小小的一次次，就是婴儿来到这个世界的初始创伤。随着其长大，身体的一次次磕碰，做错事后被父母呵斥，考试不理想，老师或亲人不认可，友谊破裂，失恋，身体生病，职场失利，失去亲人……虽然人生还有那么多的欢声笑语，各种情感、物质带给人们满足和欣喜，但人一路成长的过程，也是一个不断遭受创伤、感受苦难的过程。

　　人一生都在做一件事：选择愉悦的感受，逃避痛苦的感受。

　　人从小就学会了以欢笑表达自己的愉悦，以哭等方式表达自己的哀伤和不满；以不断地尝试期望获得愉悦的体验，以发牢骚的方式宣泄自己的无能为力和不服。为了逃避那些轻易就会受到的痛苦，获取更为宏大或持久的幸福，人要克服懒惰，激励自己，约束自己不断地积极努力地学习或工作……但人活在世上，总会遇到幸福和快乐，也会经常性遭遇失败和痛苦。生命不止，人的快乐与痛苦不止。

一　苦难是一种感觉，来自人世间众多创伤和挫折给人的心理影响

　　（1）苦难是一种感觉，完全可以和事情的发生相隔离。既然经历创伤、感受苦难是人生的常态，何必纠结？不如顺其自然。自有人类以来，到目前为止，还没有一个人敢言自己从未伤心、难过过。人生和人一样都是自然界的一部分，人生必有阴晴圆缺、风霜雪雨，也就是每个人的一生都会经历不止一段时间的至暗时刻，之后再柳暗花明、阳光再现。

　　（2）一棵树，最坚硬的地方在伤疤。人生在不断经历小的创伤、修复、痊愈的过程中逐渐成长，而小的创伤促使人更加坚韧和顽强。大的创伤有可

能令人痛彻心扉，会内隐成生命的一部分，会导致人抑郁、焦虑，更不断地提醒人要小心谨慎，要爱惜自己，保全自己。

（3）心理创伤的程度与人的需求层次相关。影响到人的最为基本的生存需求的创伤最痛苦，所以，战争以及社会动荡的年代都是人生最为苦难的时刻。

（4）当代中学生经历的心理创伤特征为：较为复杂并多为隐匿发生，如被父母忽略（隐匿的生存创伤）；父母吵架、离异，不被抚养者接纳等（带有幻想色彩的生存创伤）。较明显的创伤有：被校园霸凌，被性侵，失去重要亲人，重大疾病等（需要心理干预或者于精神科就诊进行药物治疗）……历经艰难，青少年还是满怀着希望而生存，即使痛苦仍然坚持，原因何在？因为还有未来。

（5）人对于创伤的敏感度与性格相关。性格外向开朗的人不易感受到痛苦而乐观、积极、向上；性格内向、自卑的人容易因创伤而感受到痛苦，更容易悲观、消极，常处于内耗状态。

（6）无论从中医学的宏观理论还是从现代研究的微观理论看，人都是由"气"组成的。气是很难感受到自己的存在的，所以，人要不断地思考问题，通过做事、别人的眼光、别人的评价以确定自己的存在以及存在的价值。相对于快乐，人更能通过痛苦感受到自己的存在，也许，这正是一些人容易"痛苦成瘾"，活在"苦难"中的一个潜意识的原因。

无论如何，每一个生命都有克服困顿、向阳而生的动力和欲望。

二 关于人的心理创伤，心理医生的建议

（1）给生命以自由。了解心理学所说的"精神交互作用"。如果一个人某个时刻突然抓住自己瞬间出现的某种感觉或想法，他会经常主动地，或很容易由其他事件诱发回到那种感觉或想法上，不断地反复品尝那种感觉或纠缠在那个想法里，这就是"精神交互作用"。因为创伤事件直接冲击人类脆弱的安全感，所以，经历创伤事件的人更

创伤事件的感觉

精神交互作用

容易发生这种"精神交互作用"。从旁观者角度来看，当事人就像"吸毒成瘾"一样难以自拔，十分痛苦而沉醉。究其原因，无非是对过去的他人或自己、过去的环境要求太高而已。宽容是一种品德，无论对人对事，对自己对他人，都具有巨大的力量。适当宽容，生命才能自由。

（2）提高自我管理的能力。鼓起勇气，放下过去，以"豁出去"的决心把自己投入到其他事情上（比如学习、爱好、工作等），并勇于在其他事情上创造成就以减轻当下的痛苦。

（3）小心人内在的"自虐"特质。"缠着往事不肯走，赖着曾经不放手"，"缠"和"赖"，用佛家的话来说，就是"执"；从心理结构讲，就是此人思维认知固化、不灵活、黏滞，实质上是把自己放在"自虐"的位置上。自虐的本质是对自己不满意，对父母不满意（因为自己是父母缔造的）。学会放下，才能轻松自在。

（4）发挥自己的优秀特质。正气存内，邪不可干。一方面多锻炼身体，补充好身体所需要的营养，使得大脑能分泌更多的"快乐因子"；另一方面汲取他人的优秀品质，发现并发展自己的优秀品质，提高自己的心理能量，痛苦自然被隔绝在外。

（5）适当的控制欲、自尊心、欲望能带给一个人努力的底气和动力，过强则容易让人受挫而痛苦。

（6）要坚信所有创伤事件终会成为过去式。所有的创伤事件都发生在过去的某个当下。人如果总是体会过往的经历所带来的痛苦，那么他的今天正在被他遗忘或者忽略，也就是他正在把今天的自己，连同今天的所有美好"祭奠"给过去的那个时刻。

（7）锻炼自己的胆量，提高对于创伤事件的包容度。大胆去做以前想做而不敢做的事情，同时在这个过程中敢于经历和克服困难，既往的创伤事件会逐渐变得渺小或不那么重要。

每件事物都有存在的意义，创伤也是。虽然创伤事件在提高人的警觉性、克服人的懒惰性方面对人类的文明发展也产生了很大的贡献，每个人都曾被它虐待过，但是无论如何，人都要依靠自己的智慧和勇气面对它，不要和它共舞！

送你一朵带给你正能量的小花花

成功与失败

有人曾做过调查，总结了成功人士的七大特征：①有强烈的好奇心。②性格坚毅。③有较强的自我控制能力。④情商高，社交能力强。⑤对生命有热情。⑥懂感恩感激。⑦乐观。另外还总结到：没有证据显示一个人的成功和他的家庭背景以及他的大学教育背景有必然的联系。也就是说：一个人能否成为成功人士，主要还在于自己，在于他的进取心、行动力以及高度的自律和优秀的人格魅力。

人　格

人格是一个人在社会化过程中形成和发展的思想、情感及行为的特有统合模式，这个模式是个体独具的、有别于他人的、稳定而统一的各种特质和特点的总和。遗传和环境是人格形成的主要影响因素。青少年还处于人格塑造阶段，不具备人格的稳定性，所以，这时积极主动地学习一些优秀的品质，将其逐渐纳入自己人格组成的重要部分尤其重要。

对于一个学生来说，最主要的任务就是学习，所以，学习成绩往往成为一个"优秀学生"的标配。那么，怎样才能成为学习的"成功人士"呢？最直接的办法是参考成年人的成功人士特征。

（1）有强烈的好奇心。学习的目的就是学习不懂的知识。只有对于课程知识有强烈的好奇心，才能不断地学习新知识并感受由此带来的喜悦。在这样的格局和动力之下，学习的成功就是获得新知识，如此一来自然也就提高了学习成绩。所以要想学习成绩好，培养自己对于猎取知识的兴趣至关重要。

（2）性格坚毅。没有人天生坚强。一个成年人的坚强大多是从孩童时代就逐渐培养出来的。背诵单词、课文，钻研数学、物理题，总结、记忆、理解地理和历史等，都需要学生静下心来，用勇气、毅力、智慧、专注力等完成。不知不觉间，就会成为一个"坚毅"的人。

（3）有较强的自我控制力，即自律。无论在人一生的哪一个阶段，诱惑人懒惰、不上进的事物都很多，最明显的就是"毒品"，引诱人以最懒惰的、直接的方式获得短暂的"快乐感""幸福感"。只有那些愿意约束好自己，管理好自己，把精力用在当下最需要做的事情上的人才有机会到达想去的彼岸，享受真正的快乐感和幸福感。

（4）情商高。情商（EQ）又称情绪智力，主要是指人在情绪、情感、意志、耐受挫折等方面的品质。情商的培养在于持续地增强对自我情绪的认识，根据环境调控自己的情绪；自我激励；认知他人的情绪，并寻找合适的和他人沟通和相处的方式；培养自己承担自己的责任和领导他人的能力。提高情商也需要调动自己的积极性，有提高情商的好奇心和毅力。

（5）乐观和对生命有热情，懂感恩感激。一个人在管理好自己，走出自我中心，把自己和周围美好的事物联系在一起的时候，保持探求心、爱心，带着热情去生活和爱人、做事的时候，一切必将向着美好的方向发展。

所以，积极、热情、有好奇心、有爱心、自律，一个人在这些方面把自己管理得越好，托举得越高，就距离自己的目标越近，越能获得成功。

当然，无论一个人多么努力，不可否认失败也是人生的一大标配，因为生命的存在总是以张弛有度的方式向前行进的。同时，成功和失败的标准是综合了社会、他人、自我多方面的评定结果，属于不稳定结果评判。既然这样，每个人只要做到最好即可，可以坦然地接受一切的成功和失败。

问题1：当努力之后还是没有取得自己希望的好成绩、同伴的友谊、父母的认可、老师的青睐，面对自己不能接受的失败和挫折，青少年该怎么办呢？

答案只有一个，正如芭芭拉·弗雷德里克森《积极情绪的力量》中的观点："我们并不是因为生活圆满、身体健康才感受到积极情绪的，而是由衷的积极情绪创造了圆满与健康的生活。"心里充满阳光的人能照亮人生路上所有的黑暗。

问题 2：为何人都执着于追求成功呢?

就像幼儿被母亲"看到"而能受到细心的照顾继而能活下去一样，当一个人经过努力而获得成功时，他的优秀就会被他人看见，继而被尊重、被奖励、被接纳，更容易获得活下去或者活得更好的资本——内在的安全感依靠他人来填补。真正强大的人是不需要获得他人

的关注的，自己就可以看到自己并享受自己的优秀和美好。

问题 3：既然失败不可避免，那我们该如何规避它带给我们的消极情绪呢?

（1）大格局下评估失败。人最为基本的需求是生存需求，只有在生存的条件满足之后，人才会追求更高的需求，如被爱和被尊重等。那么，把生存需求满足后的其他的一切都交给努力之后"命运"的安排，又有什么失败的坎过不去呢?

（2）做自己喜欢的事。这个过程本身就能带给人喜悦和满足，它自然会提高人对结果产生挫败感的阈值（产生挫败感的最低值）。如果一个人能把一生的事业和爱好融合起来，那他的幸福感会很强。

（3）不要把成功或者失败赌在一件事情上（比如学习）。如果想要好成绩，总成绩不好，就在单科上下功夫；单科成绩还不好，就在为大家服务或体育项目、爱好特长等方面下功夫。并不是一定要在某方面比别人优秀才行，只要能做好一件事情就会大大提高自己的自信心和自我满意度。

（4）再次强调自律。青少年需注意两点：第一，量力而行确定自己的目标计划。短期目标和长远目标结合，在自我激励的基础上保持耐心、培养毅力。第二，学会舍弃。想要成为一个自我满意的学生就要舍弃很多：①为了学习好，要舍弃电子游戏、手机短视频、早恋等诱惑。②要做一名合格的班干部，就要拿出时间和精力为同学做好服务。③要做父母、师长喜欢的孩子，就要克服懒惰。④要保持愉快的状态学习、生活，就要学会分辨和舍弃身边的负能量。

（5）正确认识成功和失败。成败往往是由历史来评定的，而历史往往不以成败论英雄。所以，不必太在意是成功或是失败，就像梁晓声的小说

《人世间》里的话："孩子若是平凡之辈，那就承欢膝下；若是出类拔萃，那就让其展翅高飞。"父辈最终会接纳自己的孩子。青少年活出最好的状态无愧于自己即可：是雄鹰，就在天空翱翔；是小鱼，就在水里自由自在。

"人活在世上，其实真正能伤害你的人，始终不是别人，而是你自己"，一个人评定的在学业上、爱情上、人际关系上、事业上的失败也有同样的作用。

所以，量力而行，用热情把自己活到最好的状态，就是成功。

送你一朵暖暖的小花花

关于爱情

爱情是人类最美好的一种情感，也是人类亘古以来最重要的话题之一。关于爱情的神话有的十分凄惨，有的十分美好，无论哪种情况都能直击人的心灵。爱情也是每个人的一生中都必须研习的课程。

对于人的"爱"的情感，被世人普遍认可的是美国心理学家埃里希·弗洛姆的《爱的艺术》中的叙述，书中的观点有助于人们对于"爱情"做进一步的探索。

一　爱情是一种浓烈的情感，想拥有爱情，一个人要情感丰厚

一个内心情感很贫乏，连爱惜自己、爱惜身边的人的能力都没有的人，是不足以涉足浓烈的爱情的领域的。

二　爱情的基本特点是"我爱他"同时"他爱我"

只有一方爱对方，那是"单相思"。对于当事人双方来说，"我爱他"都是自己的事，所以，当一个人谈一场恋爱之前，首先要培养"爱他"的能力。人类对于自己的后代从小就开始培养他们这方面的能力，比如从教育孩子爱自己的国家、民族，爱人类所生存的地球，爱不同种族的人、动物、植物等方面培养一个人"博爱"，也就是"爱他"的能力。当一个人内心有足够的"爱他"的能量的时候，他肯定不是一个自私之人，他不但内心丰盈，他的爱还能让他所爱之人内心平静、舒适、安全。

三 随着体内荷尔蒙的增加，青春期喜欢异性当属正常

按照人类"爱情"的发展过程，即暗恋（感受爱的情感）—恋爱早期（言语或物质表达、肢体轻微触碰等）—恋爱（牵手、亲吻、拥抱等）—婚姻（触及性），青少年正处在爱情的萌芽——"暗恋"阶段。这时候的主要任务就是感受内心爱的体验。此时如果能按捺住情绪的冲动，继续体验这种爱的感觉，那么体验的时间越长，其情感越丰富，越能为将来的恋爱打好情感能量的基础。

四 关于青少年的"早恋"

因为家庭教养的问题，有些青少年在成长的过程中没有经过"欲望延迟"的训练，在青春期喜欢一位异性的时候就渴望立刻得到，即快速进入"恋爱"阶段，撇开了"暗恋"和"恋爱早期"，因而缺少一个循序渐进的过程。从成年人的角度看，他们还不具备"恋爱"的条件，即被赋予了"早恋"一说。关于早恋，从心理学角度分析如下：

（1）内容贫乏。爱情不只有"我爱你"三个字，同时它还需要包含丰富内容的语言交流，后者是从丰富的人生体验中提炼而来的。如果没有丰富的精神世界的交流，那么，人类谈恋爱和低等动物对异性只是出于生物本能的追求没有任何区别。虽然中学生所谓的爱情单纯而炽烈，内容却相对贫乏，常常只是两性之间的喜欢而已；如果有进一步的发展，也只能归属于青少年的"性游戏"，是儿童期"过家家"游戏的一种延伸。

（2）时机不对。社会用大量的资源培养青少年学习知识，寄希望于他们将来能为这个世界奉献自己的才华，也就是发挥他们"博爱"的能力。能力培养尚未完成，青少年即走向个人情感的发展道路，犹如在尚未开垦好的土地上播种一样，收获堪忧，此少年的人生发展格局势必被局限。

（3）能力不足。谈恋爱的双方需要性格稳定，能给对方提供情绪稳定价值。青少年的性格还在学习成长的"塑型"阶段，认知发展的局限性使得双方容易发生误解和争执，导致双方的情绪容易不稳定，影响学习和生活。

（4）精力不够。爱情还需要双方共同承担责任。双方都需要有足够的精力和时间表达爱意，需要经常性陪伴，创造属于两人之间的爱的磁场。青

少年要面对诸多学习和成长的压力，用于谈恋爱的精力十分有限。

（5）早恋暗含"迫害性"。首先，虽然每个人都希望自己的未来伴侣就是自己的初恋，但众所周知，中学生情侣因为未来诸多的不确定因素最终能走在一起的很少，所以需要小心人性中的"占有欲"！青少年"早恋"暗含了对双方未来家庭的一种破坏（抢占他人的爱人）。其次，在当代的中学生竞争力很强、学习压力很大的情况下，早恋一定会影响恋爱者的学习，影响双方未来能达到的人生高度，这实质上就是一种"迫害"，迫害自己的同时还迫害自己喜欢的人。

（6）早恋不能替代父母和孩子之间的感情。青春叛逆期，很多青少年和父母之间的依恋关系破裂，有的孩子于是希望以"谈恋爱"的方式和另一个人建立依恋关系，这其实是一种自私的行为，是对他人的一种利用。事实证明，这时候他们喜欢的对象都有自己异性父母的某些特征。精神分析的鼻祖弗洛伊德称这种现象为"俄狄浦斯情结"（恋母情结）或"伊勒克特拉情结"（恋父情结）。

（7）关注早恋中的借口。有同学拿历史上也有一些"神仙眷侣"，他们从小青梅竹马，"从中学到婚纱"这样的例子佐证自己早恋也许会有好的结果。这时需要思考一个问题：为何他们会成"名人"呢？因为稀少。**特别是在当前这个社会信息十分发达的时代，还带着这种奢望早恋，此类人有潜在的"赌博"意识。**

（8）**早恋具有冒险性。**早恋导致的失恋概率极高，中学生的心理发展还不够成熟，爱情所带来的情感创伤需要高水平认知和高度自律的行动力才能承担和修复。早恋中如果发生性关系，导致怀孕、流产等，会严重影响女生的身心健康，不但会明显降低女生的整体身体素质，还会严重影响其内分泌功能，继而影响其情绪的稳定性，诱发抑郁、焦虑等症状。体质和情绪都受到影响，自然会影响智商的发展。

（9）曾经"暗恋"过的两个人因为那些美好的印象一直留在记忆里，两个人可能会成为一生的朋友；而一旦经历失恋，两个原本互相欣赏的人可能最后会成为"死敌"，毫无例外地，双方或者一方要经历一段痛苦、失望、愤怒甚至绝望的时期，造成人生中的创伤。

五 青少年十分喜欢某个异性应该怎么办

（1）首先经过试探后评估对方是否也喜欢自己。

第一，如果他也喜欢你，你就大胆地对他好，发展朋友关系。一个人对另一个人的好，不是做自己想为他做的事，而是去做他希望你去做的事。在这个过程中，锻炼自己爱人的能力和了解他人的能力；同时，创造机会一起聊天、学习、锻炼等。另外，切勿只和一个异性交往，可以通过对方和更多的异性认识，发展平等的异性同伴关系。

第二，对于自己喜欢的异性一定要谨慎，保持适当的距离。距离太近，相互之间没有界限时，有可能触及对方的弱点，暴露自己的缺点，继而影响两个人之间的好感。因为时间、精力等问题，一旦关系破裂，要修复关系，付出的代价会很大。

第三，如果对方不喜欢你，那你就退而求其次，发展普通异性同伴关系。在日常学习或生活之中找机会对他好，就像一个人爱恋自己的宠物一样，默默地喜欢，付出而不求回报，做一名谦谦君子，留个好印象，谁也不能确定长大后的你们是否还会有再次相见或相处的机会。所以，给自己留一条后路，切勿操之过急，反而引起对方的厌恶。

（2）转移注意力。除了学习，发展其他的爱好，加强和其他朋友的联络，不管和你喜欢的异性是否有交集，都要好好发展自己（保持个体独立性）。

第一，分析你喜欢的那位异性的性格特征和习惯爱好、外貌特征，观察是否有和你的异性父母相似的地方，或者完全相反。如果相似，那你的异性父母和你的关系一般来说是好的，俄狄浦斯情结也是人类正常的情绪反应，大多数时候是婚姻潜在的基础。如果正好相反，有可能是你渴望的异性父母的某些特质，比如，一个女孩的父亲很粗鲁，她喜欢的男孩都是文质彬彬的；一个男孩的母亲没有文化，他对于高学历的女孩会特别倾慕。

第二，分清楚你喜欢的是整体的一个人还是他的部分特质。人恋爱的时候喜欢的都是自己看到的那个人，也就是对方呈现出来的那个人，而非全部真实的他。人往往因为某个人的局部而爱上那个整体的人，深交之后往往不如意，这和人爱世人是将其作为一个整体去爱完全不同，后者要保持距离，所以才能和睦相处。因此，学生时期，最好不要太痴迷于某个异性而忘了自己本分的事情。

第三，无论是被爱还是爱别人，都是一方的优秀的品质使他人折服。毫不吝啬地肯定、赞美他人的优点，只能使对方更加优秀，特别是来自异性的赞美尤其受用。一个人赞美的他人越多，其周围的人越优秀，自己也会不断被他人的优秀滋养，自己的生存环境也会越来越美好。学生时代主要过的是集体生活，所以，以适应集体生活为基本。

第四，如果有精力，你喜欢的异性有什么特长，你也发掘一下自己这方面的爱好，为自己和对方有共同语言而打下基础。当然，一个爱唱歌，另一个会一种乐器或者跳舞，也能作为未来绝美的搭配。总之，一个人把自己培养得越好，越有能力给他人带来幸福和快乐。如果喜欢某个人，就悄悄做好各种准备吧，那需要一个较长的过程，需要耐心和毅力。

第五，通过写作抒发情感。如果能把控好自己，"暗恋"可是青春岁月最美好的调剂品。这时候，写日记、记随笔、写诗颂词不但能锻炼自己的文学功底，还可以起到抒发爱慕之情、体验爱的感受、培养浓厚的情感的作用。

《论语·颜渊》记载："齐景公问政于孔子。孔子对曰：'君君，臣臣，父父，子子。'"国君做国君该做的事，臣子做臣子该做的事，父亲做父亲该做的事，儿子做儿子该做的事，只有这样，一个国家才能顺利发展。人的发展也一样：在人生的不同阶段就做好那个阶段应该做好的事，只有这样，才能顺利走好自己的每一段人生路。爱一个人，喜欢一个人也不例外，在时机未到之时，要对自己负责，对对方负责；守护自己的身心，守护对方的美好，直到两个人都能成为彼此生命中的"贵人"，再相扶相持，一起迎接人生的风风雨雨，谱写出一曲悠长的爱情诗篇。

送你一朵小花花

关于同性恋

道家朴素的唯物主义世界观认为，这个世界所有的事物都是阴和阳相互对立、相互依存的统一体，阴中有阳，同时阳中有阴。根据事物的属性，太阳为阳，月亮为阴；东为阳，西为阴；南为阳，北为阴；夏为阳，冬为阴；热为阳，寒为阴……对于人来说，男人为阳，女人为阴；一个男人，他的个性中阳刚之气属阳，温柔的特质属阴；他的身体背侧、外侧属阳，相反的属阴。现代医学研究显示：男人、女人机体内都有一些相同的性激素——睾酮、雌二醇、泌乳素、黄体生成素、孕酮等，只是因为体内各种激素含量不同以及基因所携带的发展趋势（包括配置的器官）不同而发展为可以明显区别的男人和女人。我们在现实中也看到：有些男人女性化，女人男性化，除了性格因素，也许还可能是因为他们的身体内含有的异性激素多了一点。因此，单纯从生理角度看，爱情也是完全有可能发生在同性之间的。比如，一个十分"刚性"的男子，被一个十分"柔性"的男子所吸引；一个"男孩子气"的女孩被一个柔弱的女孩吸引。

问题1：除了生育的原因，人的婚姻为何以男女结合为既定的规则呢？

这个问题，可以从哲学的角度谈及。从太极图（见图3-2）中我们可以看到：

（1）因为任何整体都是阴和阳的相对统一体，同时阴中有阳，阳中有阴；阴为阳之根，阳为阴之根，太极图刚好形象地揭示了阴阳结合，万物得以有形，即为一个整体的事实。

（2）阴阳互补，相互依存，组成的是一个完整的安全的世界，阴阳和合而万物生。

图3-2　太极图

问题 2：同性恋是一种什么样的状态呢？

请观察图 3-3 和图 3-4。图 3-3 是同性恋中两个"阴"的结合，图 3-4 是两个"阳"的结合。

图 3-3　两个"阴"的结合　　图 3-4　两个"阳"的结合

首先，无论两个阴还是两个阳结合，都是阴或阳的相对或叠加，最终还是一个阴或者一个阳，而任何一个整体都是阴和阳的整合体（道），故而它们不能成为一个完整的"一"，无法进一步生成"二"到"三"到"万物"，即所谓"道生一，一生二，二生三，三生万物"。"二"指阴阳，"三"是天、地、人（自然）。从人的角度讲，无论"阴阴结合"还是"阳阳结合"，都无法生育和繁衍后代，所以，这种结合不符合自然的正常法则，当然有可能不被世俗接纳、受滋扰。

另外，从以上两个同类结合的图形看，两个阴结合更阴，缺乏阳刚的力量；两个阳结合更阳，有力量，但是，缺乏阴柔滋养。无论两阴结合或者两阳结合都能增强彼此相同的力量，但是难以互补；可以同步，但难以契合。所以，从事物的内在力量和谐才能有效地正常发展的角度来讲，同性恋不可能成为这个世界正常的发展规则。

问题 3：既然如此，是什么促使一个人走向了同性恋的道路呢？

（1）根据临床观察，主要的原因有：

第一，小时候被养育时的性别角色错乱。明知是女孩，养育者却在穿着、行为教养等方面以男孩的身份要求她；明知是男孩，平时却给他穿女性服装或者当成女孩抚养，以致孩子对于自己的男女角色没有坚定的认可，偶尔的刺激因素有可能会促使其做出同性恋的选择。

第二，在外界的刺激下，逐渐产生了如果自己能成为异性就可能更好的幻想。比如体会到作为异性的一些他所渴望的优势或者体格特征后，不知不觉中模仿一些异性的特征，潜意识里幻想自己成了异性，结果，把恋爱的对象指向了同性。

第三，敬慕自己不能成为的同性。如瘦弱的男性敬慕强壮的男性；自认为自己黑点、胖点、不好看的女性，爱恋上一个白、瘦、美的女孩等。

第四，说不明道不清的一种对于某个同性产生的强烈的情感或生理反应。

（2）以上各种情况，从心理学角度分析如下：

在所有同性恋者中，第一种类型的同性恋者最有可能会因此而矛盾、纠结甚至痛苦。这类人多是在孩童时代性别没有被父母接纳、个体独特性没有被父母重视的情况下成长的。这些人一般自信心不足，做决策时缺乏决断性，进而会影响到生活和事业。

第二种同性恋者，往往是能给周围人带来欢乐的一群人。他们勇敢地追求自己不能成为的异性，虽然不能完全成为自己想成为的喜欢的异性的样子，但他让自己在这个"成为"的过程中做出努力，而且乐在其中，不在意他人的目光。这类人往往自带喜感，他能大胆地依从自我的感觉，做自己喜欢的事情，感性特质强，适合从事艺术类的事业。但我们看到这类人采用的还是一种自欺欺人的方式，实质上也是自己忽视了自己。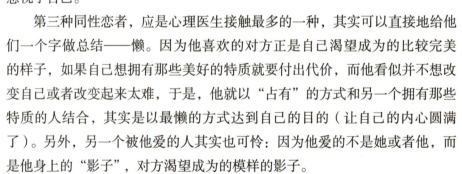

第三种同性恋者，应是心理医生接触最多的一种，其实可以直接地给他们一个字做总结——懒。因为他喜欢的对方正是自己渴望成为的比较完美的样子，如果自己想拥有那些美好的特质就要付出代价，而他看似并不想改变自己或者改变起来太难，于是，他就以"占有"的方式和另一个拥有那些特质的人结合，其实是以最懒的方式达到自己的目的（让自己的内心圆满了）。另外，另一个被他爱的人其实也可怜：因为他爱的不是她或者他，而是他身上的"影子"，对方渴望成为的模样的影子。

第四种情况也许需要复杂的精神分析才能明晰，或者永远可能成谜。有的人对于异性没有特别的喜爱或感觉，但是无缘无故地接触到某个同性之后，身心会产生生理和情感反应，于是，他就笃定自己是同性恋者。与前三种情况相比，这种情况最贴近同性恋者的定义。但他们之间产生的是"爱情"吗？

爱情是两个相爱的人共同创造的、只属于这两个人之间的空间维度里的十分美好的能量场，所以，爱情不只是生理反应。在没有爱和喜欢的基础上，一个人对于某个同性或者异性产生无意识的生理反应，其原因可能是对方具有能引起他性冲动（人类最低级的、本能的、属于动物本能属性）的某种特质。这绝对不能等同于爱情。如果他对那个人同时也有情感反应，有可能属于第三种情况。

在以上后三者的情况中，有一个很明显的心理机制——投射。这种投射是自我的某些喜好特征在他人的身上体现的时候，人会以点带面地把此人纳入自己想象的形象中，而产生喜好或厌恶的情感，也验证了这句话："这个世界没有别人，只有你自己。"

问题4：如此分析，好像没有真实的"同性恋者"。如果是这样，这个世界是不是也没有真正的"爱情"了？

以上推论如此，是否确实如此，有待更多的人来探讨。

爱情开始的时候，相爱的双方爱着自己眼中的对方，而恋爱的过程，就是双方相互了解和磨合，最后相互尊重、相互让步、改变自己的过程，之后才在相互认可的情况下走进婚姻，成为一个完整的阴阳结合体。所以，在人们走进婚姻之前，最好认真地完成恋爱的过程：去除幻想，爱上真实的对方，才能在婚姻持续期间也相互尊重和接纳，共同创造一个小家的幸福。

问题5：假如一个男人对另一个男人无意间产生性冲动，这时候往往会面临一些尴尬的局面，这种情况该如何处理呢？

这属于性本能体现。解决这个问题的最好方式是和他不得不在一起的时候，将自己的注意力转到别的地方——做更有意义的事情，即将自己的性冲动想办法"升华"，追求更高级的自我实现或超越。如果这样还不能缓解这种尴尬，那就接受这种尴尬吧！毕竟，这个世界有太多不能控制的东西，人类的性冲动只是很小的一部分。

问题6：假如遇到一个自己十分喜欢的同性朋友该怎么办呢？

当然要毫不犹豫地去做好朋友，发展同伴关系！在相处的过程中，学会了解和接纳，学会保持距离和约束自己，这是青少年阶段发展人际关系最重要的项目，无论是和同性还是异性。

问题7：假如真的陷入了同性恋，该怎样更好地面对周围的人及家长呢？

自己承担一切后果。因为人不能为他人的观点和言行负责，每个人只能为自己的行为负责。请不要把人性看得太过美好，虽然人都有美好善良的一面。保护好自己。

人的性心理发展

100多年前，心理学鼻祖弗洛伊德经过研究观察，把人的性心理发展归纳为5个阶段，分别是：口唇期、肛门期、性器期、潜伏期、生殖期。这五个阶段提示性欲的发展也有一个过程：首先，人从其幼小时候的口唇对于这个世界的感知获得快感开始，发展到肛门期，因为排便而得到快感，其后是性器期，从感知自己的性器官带来快感，再到潜伏期，通过初期的社会性学习和游戏获得快感；在这个过程顺利发展的基础上，才是12岁之后通过性冲动而获得的性快乐。从弗洛伊德的观点看，每一个阶段，都是人的性欲走向成熟的阶梯。有心理学家进一步研究弗洛伊德的这些观点，认为其提出的所谓的"性欲"，"泛指人们一切追求快乐的欲望"。

1. 口唇期：出生至1岁

此时快感的获得敏感区在口唇。婴儿通过喂养、吮吸、吞咽等口唇活动获得快感，后期通过咬和咀嚼获得快感。此期发展的条件是抚养者能够及时满足婴儿的需求。此期如果发展失败，婴儿安全感和信赖感受挫的创伤会潜藏在潜意识，长大后会过分依赖伴侣，缺乏安全感，对他人信任感不足。

2. 肛门期：1～3岁

此时的快感通过排便获得。婴儿通过感受到肛周括约肌控制大便而获得快感。此期发展条件是抚养者对于幼儿排便的管理和约束促成幼儿对于本能的自我约束。此期如果发展失败，将会影响幼儿长大后对于自我性本能的约束和对于社会规则的主动适应。

3. 性器期：3～6岁

此期儿童通过对性器官的兴趣获得快感。这个时期的儿童会对异性父母产生无意识的亲近欲望，同时排斥同性父母。此阶段的发展条件是：①异性父母对儿童的陪伴、认可、喜爱和鼓励，儿童认可自己的性别并对自己充满信心。②同时，异性父母支持儿童认同同性父母，传承家庭文化和禁忌，发展向外探索欲望。

这个过程如果发展失败，儿童长大后可能出现以下情况：①性格中缺乏自信和很难拥有其性别中的优秀特质。②碰到像自己的异性父母的异性，因渴望依恋而有可能早恋。③性别认同障碍致同性恋、异装癖、易性癖等。④缺乏对性器官的认识、认同，有可能长大后发展出恋童癖、偷窥癖等。

这个阶段的性欲发展十分重要，所以，心理学家一再强调这个阶段需要父亲在教养儿童的过程中出现，打断母亲和儿童之间的二元关系，建立以父亲为主导教育孩子的三元关系。

4. 潜伏期：5～11 岁

此期的儿童是通过学习充满活力的游戏获得快感的。儿童主要是通过社会化、发展同伴关系而获得快感。此期顺利发展的条件是抚养积极鼓励儿童独立自主地参与同龄伙伴的各种玩乐游戏。此期发展失败的大多数人的原因主要是抚养者过度干预和控制、约束其社会化，导致其性格内向，缺乏活力，害怕交际，缺乏生活中的开创性和自我愉悦动力。所以，此期的顺利发展关乎一个人一生积极追求幸福的主动性和创造性。

5. 生殖期：12 岁以后

此时是个体人格发展的后期——生殖期，也称为两性期。

此期的快感主要是少年通过和异性建立关系而获得快乐的体验。此期的发展条件是学校和社会鼓励和创造条件让异性少年多沟通和交流，建立异性同伴关系。此期如果发展失败，比如被同学言语欺凌或者因各种原因被剥夺了和异性建立关系的机会，那么少年会对异性产生神秘感而不敢交往，长大后更是害怕和异性交往，不善于和异性沟通，继而影响其婚姻生活和工作的顺利进行。这个阶段的早期，特别需要父母、社会的教育和引导，而到后期，父母的教育和监督往往起着相反的作用。

弗洛伊德的性心理发展理论揭示了人类性心理发展循序渐进的规律，每一个阶段的发展都以前一阶段为基础。若某一个阶段没有顺利度过，则会对其性心理发展的结局产生影响。

从以上的发展过程可以总结出良好的性心理发展的途径是：婴儿期被充分、满足地喂养；幼儿期养成良好的自律习惯；儿童期和同性父母有足够的交流、互动，和异性父母有足够的亲密关系，有足够的玩乐伙伴和足够多的游戏活动；青春期有亲密的同性伙伴和青梅竹马的异性伙伴；最后是亲密的恋爱关系到稳定的婚姻关系。

弗洛伊德在后期提出了人的死亡本能，指出它是促使人类返回生命前非生命状态的力量。死亡是生命的终结，是生命的最后稳定状态，只有在这时生命才不再需要为满足生理欲望而努力。

所以，无论一个人有什么样的性趋向、性心理障碍都是有一定的缘由的，无须悲哀和难过，甚至抑郁和焦虑。当明白了那些关于性心理的困惑的缘由的时候，人性中渴望自我成长和完美的动力都会促使个体去查漏补缺，完善自己的生命。

所以，当发觉自己口唇期没有得到满足时，试着用心地培养自己成为一个"吃货"。吃，在培养热爱自己方面是最好的开始。吃想吃的美食，滋养自己的生命，等于自我"灌溉"，生命才有能量向上长枝、散叶、开花、结果。

当发现自己总是做事拖拉，不想上学，情绪不好，做事积极性不够，遵守社会道德以及规则的自律性不够的时候，小心长大后把"逃避责任"当成一种习惯。大凡承担社会大责之成年人，都是那些自律性极高之人。不但要对自己做事的积极性自律，更要对自己的情绪自律、欲望自律。之前的自律需要父母的监督和提醒，读中学之后，一个人就要培养自己的自律能力了。

当发现自己不会玩，缺乏创造力的时候，需要培养自己玩的能力。特别是幼儿园及小学阶段，这是创造力最强的阶段，越丰富的游戏越能开发一个人的创造力。当这段时间没有玩好时，中学阶段最好不要沉迷电子游戏，想办法和同伴利用自己所学的知识，开创一些具有创造性的现实游戏。

当青少年忽然发现自己很孤独的时候，多数情况是同伴不够多或者关系不够亲密。孤独最能诱发一个人抑郁、焦虑的体验，要防止自己的情绪受到影响，就要勇敢地走出自我中心，用心地交往一些同性的朋友。

当发现自己见到异性同学就害羞，不会和他们说话、聊天的时候，一个人对于生活的热爱和体验人生的乐趣会减少一大块。人修补自己的个性缺陷永没有迟的时候，每一刻的努力都是为接下来的幸福感创造条件。勇敢和尝试是幸福人生的必备。

生命不止，修缮不止，创造和探索不止，但最为重要的是：踏出第一步！

送你一朵小花花

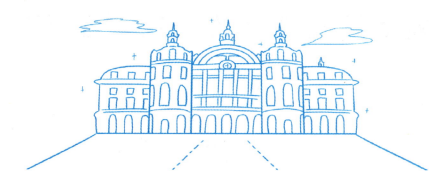

青少年抑郁症发作的特点和发病原因

抑 郁 症

抑郁症是以情绪低落、兴趣减退为主的一种情绪疾病。病程两周以上，患者常常伴有饮食差（或暴食），睡眠障碍（难以入睡、易醒或睡眠过多），脑子反应慢，记忆力减退，严重者会觉得活着没有意思，有想死的念头或者自伤、自杀的行为。

抑郁症只是精神科疾病的一种。所谓精神疾病，就是患者的思维、情感出现异常，进而呈现出行为异常的一种疾病；前提是经过身体检查，没有发现有器质性疾病，如大脑血管或神经有感染、肿瘤、血管畸形、脑细胞异常放电，或者患者有其他有可能导致其情绪或者认知异常的内外科疾病。人的思维、情感疾病和其他内外科疾病一样都需要治疗，不同的是后者的患者自己能感受到疾病带来的身体痛苦和不适因而有治疗疾病的积极欲望，而精神疾病患者因为没有躯体的痛苦，严重者没有自知力（对所患疾病有认识），所以往往没有治病的强烈欲望或者不知道需要治疗。

从心理学角度讲，抑郁症是一个人走不出痛苦的一种退行性情绪疾病。**抑郁症曾被称为"失爱症"**：失去了爱自己或者爱他人的能力。一旦陷入了**抑郁症**之中，患者轻则开心不起来，整个生命都处于一种暗淡无光的状态，重则自残、自杀甚至连带伤害他人（往往伤害的也是自己最亲的人），呈现的是一种向内攻击状态。从"爱出者爱返"这个角度讲，抑郁症患者总是拒绝别人给予他的爱。

青少年抑郁发作的特点

青少年的大脑功能还处在开发阶段，认知、情绪发展还没有完善，抑郁发作时可能不如成年人症状那么明显，当出现以下症状时，要及时觉察自己是否已陷入了抑郁状态。

（1）对于上学、玩游戏等平时喜欢的事情明显失去了兴趣。

（2）突然对平时喜欢的教师或者同学感到厌倦，不愿意和他们打招呼，为此想逃避、不愿意上学。

（3）难以入睡或者睡着后容易醒，醒后难以再入睡，或者较平时明显早醒或者睡眠较平时明显增多。

（4）饮食差或突然暴饮暴食，或身体有诸多不舒服，但在医院检查原因不明。

（5）不想动，没有精力，做事拖拉，迷恋手机游戏或视频，晚上不睡，白天不起，生物钟混乱。

（6）对于他人的话语敏感，易暴躁，做事易烦躁，记忆力差，反应较平时慢。

（7）突然觉得活着没有意义，有想死的念头出现。

二 青少年抑郁的发病原因

和所有疾病发生原因一样，引起青少年抑郁的病因由外因和内因组成。外因主要是社会环境原因（包括校外原因和校内原因）、家庭环境原因；内因主要是个人原因。

1. 校外原因

包括政治经济发展层面、文学艺术层面、社会暴力事件及自然灾害等对于青少年的心理影响。

（1）政治经济发展层面的影响。

第一，无论是国际还是国内，政治、经济的起伏动荡直接影响家庭养育者的内心安宁，进而影响青少年来自家庭经济和情绪的支持力量。

第二，国内、国际优秀的政治家、经济家的行为和信仰会给年青一代树立榜样，在社会规则不健全的情况下，政治家、经济家容易人设坍塌，进而动摇青少年为社会做重大贡献的意志。

（2）文学艺术层面的影响。当文学艺术以经济利益为导向的时候，文学家、艺术家就会背离文学和艺术的初衷，使作品最终成为迎合人们潜意识欲望的工具。目前最能影响青少年心理发展的文学艺术作品主要包括以下几个模块。

第一大模块：霸道总裁式的影视剧。一号男主角都不会表达爱且有自虐和虐待所爱的人的倾向，冷漠的表情和自恋的特质成了很多男孩模仿的对象。潜意识的影响：因为优秀就可以不合群、爱不一定要表达、强者可以对弱者施虐。二号男主角忠诚于爱情、情绪稳定、大度、付出不求回报，符合传统文化中对于男性的要求，但是，却在剧情中被忽略或只能做一号男主角的陪衬。潜意识的影响：一边学习传统文化的观念，一边却在质疑和背离，思想和行为发展呈现矛盾性。一号女主角没有完整的人格，不能大胆追求自己的爱情，缺乏反抗精神，直到死亡或者做出巨大牺牲后才能成长。在和一号男主角的爱情道路上的隐忍，一层层被加码的虐待，加之能让人动容的楚楚可怜的美貌下的柔软，容易使得年轻的女孩产生共情，潜意识悄悄接纳了影视剧里暗含的"真爱＝卑微＝隐忍"等观念。二号女主角对于金钱、地位的追求，贪婪纵欲、欺软怕硬等特质，其实也是人性"恶"的一部分，当这些特质堂而皇之被呈现出来的时候，尽管被贬低，但同时也加强了人对内在的丑和恶的意识，冲击人对一号女主角善良、美好的认可。三号女主角（婆婆）是一个爱自己的儿子没有界限，嫌贫爱富，愚孝于丈夫家族的女主人形象。这个婆婆因为身份的原因嫌弃及侮辱一号女主角，因为家庭经济背景讨好二号女主角，成功地给有钱人家扣上了一个没钱没权就难以立足的帽子。而现实是：娶一个人品优秀的女人做妻子是一个男人事业成功的奠基石。

第二大模块：隐藏总经理身份的影视剧。大量看似伸张正义，实则丑化贫穷、善良、弱小者的影视剧本，多以总经理装扮成"保安""农民"等样子出现，极尽所能地被"中层"领导侮辱、人格毫不留情地被践踏，当表明身份之后，"坏人"才知道自己错了，从而受到惩罚为主线。结局虽然大快人心，但其言外之意却是：如果一个人身处社会的底层就会受到欺辱，就有可能在权势和金钱面前没有人格尊严，潜移默化地冲击着青少年的安全感。同时，以服装等丑化保安、农民等的形象，也在不断地影响着人们的潜意识内容。

第三大模块：艺术领域制造的偶像，包括二次元式的剧本。这些剧本不断刺激青少年的欲望和幻想，并在"穿越剧"、二次元游戏等的推波助澜下轻而易举地把学习任务重、压力大的青少年引导到依靠思维和情感寄托，从而脱离现实世界的状态，最终他们或以厌学、逃学的方式逃离竞争，或以抑郁、自杀等方式躲避困难。

第四大模块：宫廷剧、暴力杀戮剧等。这类剧本容易使得青少年在处理人际关系的时候，把自己融于"宫廷剧"争宠情节中。大量的没有底线的暴力杀戮剧的场面不断地冲击着青少年的情感和心理，当其隐藏在人的潜意识的时候，也许会在某天某个时刻让暴力的念头浮出，导致悲剧发生。宫廷剧和暴力杀戮剧也是导致当前校园暴力、社会暴力事件越来越频发和严重的部分原因。

（3）社会暴力事件及自然灾害等的影响。越来越多的社会暴力事件，高离婚率以及近年来频发的自然灾害、战争对生命的剥夺，无不影响着青少年健康成长所需安全感和希望感。

2. 校内原因

主要是学习压力、人际关系压力、综合素质竞争压力、时间分配压力等。

（1）学习压力：引起抑郁的因素往往和学习成绩的持续性下降有关。就像有的人失眠一样，越把睡着觉看得重要越难以入睡。

（2）人际关系压力：就如看重学习成绩一样，越是执着于良好的人际关系可能越适得其反。如何建立良好的人际关系，请参考本书《关于人际关系》一文。

（3）综合素质竞争压力：越是优秀的学生越容易得到教师的认可和同学的喜欢。同学之间除了学习能力的竞争之外，如获得教师的偏爱和认可、拥有出众的领导能力、能给班级带来荣誉等也会给青少年一定的压力。特别是因为各种原因被教师讨厌的孩子压力更大。

（4）时间分配压力：特别是毕业班的学生，因为学习任务重而缺乏锻炼，学生无法通过锻炼来减压，也会让热爱运动的学生倍感压抑。

3. 家庭环境原因

主要是家庭动力、家庭抚养模式和家庭存在沾染恶习、有不健康心理问题的成员等带给青少年的影响。

第一模块：家庭动力。①父母经常吵架的家庭，有的甚至是父母离异之后仍在孩子面前相互攻击对方的家庭。②离异重组家庭或留守青少年，父母常常忽略其心理诉求。③亲情断崖式割裂家庭。常见于重男轻女的家庭，祖辈不能接纳女孩性别而使得女孩自卑、自我怀疑甚至抑郁等。④错位的家庭。常见于父母一方心怀对另一方的怨恨，把自己放在可怜的位置上而与孩子关系密切，另一方因而被亲情隔离；但孩子内心是同时爱着自己的父母的，因为身处尴尬的位置而情绪会被影响。

第二模块：家庭抚养模式。①父母职能。"凡庶纵不能尔，当及婴稚，识人颜色，知人喜怒，便加教诲，使为则为，使止则止"（《颜氏家训》），母亲对于幼儿情商的启迪教育和无微不至的照顾，直接影响孩子的安全感和情商的开发；同时，父亲在孩子3岁之后对于孩子人生观的形成起着重要的引导作用。但很多家庭母亲因为工作而忽略幼儿的看护，父亲因为事业而忽略了和少年的有效沟通，结果影响到孩子优秀人格的形成。②家庭对于后代的期望值过高。有些父母因为自己人生的重大愿望没有实现而寄希望于孩子，忽略了孩子其他能力的培养，单方面对孩子的期望过高，以至于孩子常常因为不能满足父母的要求而自我否定或怨恨。

第三模块：家庭存在沾染恶习、有不健康心理问题的成员。有些家庭中有成员药物（主要是毒品）成瘾、赌博、因犯罪服刑等，这样家庭的孩子往往自信心不足，影响到其人际关系和学习的积极性，自卑、敏感会成为其人格十分显著的部分。另外一些家庭中有严重的心理问题患者，患精神分裂症、强迫症、抑郁症、焦虑症等的家庭成员，其负面情绪或者异常行为往往会给家庭后代带来精神压力，影响其思维、情感和行为。

4. 内因

个人因素在青少年抑郁发作中同样起着重要的作用。抑郁的发作主要与一个人的性格、智商和情商、格局、自律性、行动力等相关，具体有以下几点。

（1）性格内向、敏感多疑的人易抑郁。因为生长环境和遭遇、本身的基本素质等原因，这些人内心有很深的自卑感，没有足够的安全感、太过关注他人对自己的评价而容易失落以致抑郁。

（2）性格中有很大程度的"讨好"特质的人易抑郁。这些人同样是因为从小安全感不足，在各方面都一直很努力且常有小成就，一直深得他人的喜欢并被寄予厚望，一旦在学习成绩上或升学考试中不如意，抑或在预设的人生道路上出现挫折，内在建立的固有的秩序被打乱，对自己很失望也容易陷入抑郁状态。

（3）智商高但情商低的人容易抑郁。有些人学习成绩很好但不会和他人相处，缺少朋友的陪伴和支持也容易抑郁。

（4）格局小的人易抑郁。有些人一直关注学习成绩，对自己的人生没有长远的目标，容易被当下的困难所羁绊而抑郁。

（5）欲望大而自律性差的人容易抑郁。这样的人对自我的期望大但缺乏行动力。他们在睡眠、饮食、锻炼、玩游戏等方面不能约束自己，难以在学习上发挥最大潜能，达不到自己能够达到的高度而容易在考试前后抑郁。

（6）经历的人生创伤越多、越大的人越容易抑郁。如在幼年时失去重要亲人、亲历过人身伤害的创伤事件等，再面临创伤事件或面临巨大挑战时容易抑郁。

据世界卫生组织（WHO）统计，全球约 10 亿人正在遭受精神障碍困扰，每 40 秒就有一人因自杀而失去生命。而这自杀的人当中，大部分是因为各种原因情绪低落、处于抑郁状态而选择结束自己的生命的。《2022 年国民抑郁症蓝皮书》中提到，我国目前有 9 500 万人患有抑郁症，约占人口的 1/13；而支撑这个庞大数字的有很大一部分是青少年。这不只是国家、民族需要重视的问题，更是青少年自己也要发挥能动性，积极主动地调整自己的生命状态去面对的问题。

送你一朵小花花 🌼

青少年抑郁症的诱发因素和应对措施

当一个社会在意识形态层面不能给其新生代以内心的安宁、对未来的美好期待、对于纯洁爱情的炽烈追求、对于人与人之间关系的善意期待时，这个社会就"病了"；当这个社会"病了"之后，社会组成的基本单位——家庭就"病了"；当家庭"病了"之后，家庭中最弱小的成员孩子就"病了"。事实证明：因为具有较高的敏感性，得抑郁症的孩子大多都是情感比较丰富、对自我要求比较高、有很强的社会责任感，又很忠诚于自己的家庭、家族的孩子。如此，对于社会来说，这部分人的抑郁真是很大的遗憾。当抑郁的孩子越来越多的时候，家庭负责人应该好好学习，那孩子是否也应该做适当的自我拯救呢？当然要，而且必须做！孩子要根据抑郁症的发作原因、诱发因素等来制定策略，拯救自己。

一 青少年抑郁发作的常见诱发因素

（1）学习成绩持续性下降。多见于平时学习刻苦、成绩好的孩子。因为太过看重学习成绩，偶尔一次考试没考好就很紧张，结果影响到其他科目，进而导致成绩全面下滑，之后形成了恶性循环，从而诱发抑郁症状。

（2）升学考试失败。也多是平时学习成绩好，对自己充满信心的孩子，在升学考试中没有考上自己理想中的学校而抑郁发作。

（3）校园霸凌。被同学欺负、霸凌。

（4）家庭矛盾。多见于父母经常性争吵或家庭发生重大变故（如父母离异）、家庭暴力发生等情形。

（5）人际关系困难。多见于朋友关系破裂时，原本朋友就少，加上好朋友远离自己、另有所好，从而感到失望、失落；或想和同学交往但缺乏交友的技巧，交友中一再失败而感到孤独、痛苦。

（6）情感受挫。多见于早恋失败。青少年谈恋爱尽管早已知道结局，但当真正面临失恋的时候很多人还是不能接受，感到十分痛苦，甚至抑郁。

（7）重大创伤。如失去亲人、身体残疾造成困扰、自身安全受到威胁、身体受到伤害（如躯体被虐待或被性侵、身体遭受意外伤害）等。

（8）遭受误会伤及自尊，做了自认为错误的事情而难以原谅自己等。

由以上的诱因可以看出，除了个别因素（如校园霸凌）容易导致抑郁发作外，还有一个很大的因素导致青少年抑郁，就是其在为数不多的成长生涯经历中，内心形成了一定的、属于自己的观念或者秩序：比如通过努力学习就可以得到好的成绩；一直保持善良、勤劳就会讨得他人喜欢；父母一直会保护自己；亲戚、邻居不会伤害自己；自己一直都在顺利地长大。当习以为常的事情突然发生变化，而且是处于一种失控状态时，青少年以自己有限的认知或能力不能处理好当下的困境，情绪就会自然滑落至抑郁状态。这时的抑郁状态与其说是一种退缩，不如说更像是一种自我保护机制。

 青少年抑郁发作后的应对措施

抑郁发作时人处于一种"低能量"状态，这时如有亲人在旁，其自我保护意识尤为明显。人处困境时，可以容许自己有一个暂时停下脚步休整的机会，但必须把时间限定在一定范围内，之后就要自己拯救自己，否则，休整时的"舒坦"会诱发出人内在的"惰性"。惰性既有行为上的懒惰，更有意识上不寻求改变的懒惰，它们以"执念"的方式避开欲望和能力之间的矛盾，给自己找到了一个"避风港"。无论是行为上还是意识上的懒惰，都会消耗人"生"的能量。自我拯救可以通过以下方式进行。

（1）因为学习成绩持续下降而导致抑郁。先查找原因，若是学习方法有问题或者休息时间不够、营养不够、躯体疾病等导致，可以适当请假休息，必要时休学。休学后一边查漏补缺，一边预习新的课程，也可以完全放下学习，以旅游、劳作等方式调整自己的身心状态。

（2）如果有这些情况导致抑郁发作，包括被校园霸凌、父母经常吵架或突然离异、和重要的人关系破裂、遭受到其他一些重大事件如被性侵、身体受到严重伤害、失恋等，青少年要及时寻求家长、教师或心理医生的帮助。正如荣格所说："人类对自己的理解，宛如暗夜走路，要了解自己，就需要他人的力量"。事实证明确实如此。

知识延伸

求助心理医生的途径

我国的各大省会城市基本都有精神疾病专科医院，院内设有心理治疗专科；很多省会大的综合医院也有心理治疗项目。除了医院内，院外也有心理咨询机构可供求助。另外，针对心理危机，我国的很多省会城市目前还有公开的、免费的危机干预电话咨询，具体电话号码可以在网上查到（比如广州市心理危机研究与干预中心的电话号码是：020-81899120）。心理咨询或者心理治疗不是治疗所谓的"抑郁症"等疾病的，而是在心理医生的陪伴下提高来访者的认知水平和解决问题的能力，从而达到心理成长的目的。当一个人心理成长之后，他自然能脱离当下的困境，调整好自己的情绪。这既是成长，也是一个过程；一个过程包含一个或者数个疗程；一个疗程一般是10次，历时两个半月。

（3）寻找熟悉的、可靠的人倾诉以缓解自己的抑郁情绪，同时还可以阅读心理学方面的书籍、参加一些心理成长团队的活动。如果每天早晨或者睡前养成"打坐"的习惯，每次15～30分钟不等，很多负面情绪或困惑会在这个过程中得到疏解。

（4）培养至少一种学习书本知识之外的兴趣爱好。可以是演奏一种乐器，也可以是雕刻、舞蹈、书法、绘画等技艺。当心情不好的时候，可以沉浸在自己的爱好里，心自然会安静下来、得到慰藉。

相当多的抑郁症患者因为没有安全感，或者从父母那里习得了过于谦逊的个性，习惯性地将自己未来的事情预料到最糟糕的状态，久而久之，连自己都认为自己绝不会有好日子过。如果成绩不能出众，顺利发展自己的兴趣爱好也许能把自己反催眠到一个能自我满意的自信状态。

（5）面对人生的每一次"失去"养成"道别"的习惯。告别过去才能活在当下、走向未来。道别的方式有：①放下一切，闭上眼睛，静下心来将双手交叉放在胸前，让自己内心的哀伤自然流淌出来，默默地想着自己想道别的人或者事，并在内心做个道别。②以书信的形式或者在心理治疗室内以催眠的方式和"逝去"的对象告别。

（6）以大度的心原谅他人的不完美；以决绝的态度和身边或者过去的"坏人""坏事"做断舍离。不要过于被动、过于较真，不要和能给自己负面能量的人或事纠缠，因为越纠缠越郁闷和愤怒，会把自己一步步推向负面情绪的深渊。

（7）特别注意睡、吃、动。①调节睡眠，必要时服用促进睡眠的药物；有规律的睡眠是好情绪的第一源泉。②注意饮食，加强营养，特别是蛋白质（肉类）和维生素的补充。③坚持锻炼，最好养成跑步的爱好和习惯。以上三者结合起来，充分调整人的精气神，人才有开心兴奋起来的可能。

（8）宠物疗愈。最佳选择是狗，其次是猫、小鸟、鱼类等。狗最能和人建立亲密的情感连接，减少抑郁症患者的孤独感。狗还会以自己的天真、忠诚把人内心深处的爱调动出来，治愈患者的"失爱症"。

（9）强迫自己参与一些社交活动，比如约朋友逛街、看电影、逛公园等；或做一些具有刺激性、挑战性的事情，如爬山、徒步等，把注意力从不良的情绪中转移出来。

（10）重新调整自己的目标和欲望，使之与自己的能力相匹配。安心、耐心地做事，忌急躁，踏踏实实做好当下要做的事。

（11）卸载手机视频、游戏软件，让自己回归到安心的状态，在情绪低落的时候更不能放纵自己。有空去书店买一些自己感兴趣的书籍，强迫自己读书。心定则静，静生慧，这不但能治愈自己，还能丰富自己的系统性知识储备，自信和能力自会逐渐增长。

（12）如果抑郁较为严重，可结合服用精神科药物进行治疗。精神科

药物有一个"试探量（检验效果和副作用）—治疗量—维持量—减药—停药"的过程，这个过程需要在精神科医生的指导下进行，持续1年以上的时间或更久；不要怕麻烦，能让自己开心的所有方式都可尝试。

（13）中医学称抑郁症为"郁证"，有属于它的辨证论治方法。可口服中药、中成药或者进行针灸治疗，以达疏肝解郁、

醒脑开窍等作用。也可以中西医结合治疗，前者还能减少精神科药物的用量及副作用。

（14）物理治疗中的无抽搐电休克治疗（MECT）是在其他各种方法都无效或者患者的自杀欲望很强烈的情况下采取的一种治疗方法。据目前观察是较为安全的一种治疗方法，副作用是可能影响近期记忆力，有的治疗后当下会头痛，其他的副作用较少。

（15）如果使用了以上所有的方法抑郁仍然如影相随，那就把自己的抑郁症交给精神科医生。平时多看课外书籍，养成阅读的习惯，在阅读中增长见识，扩大自己的格局；在阅读中和古今先贤交流，提高自己的认知水平，完善自己的人格，寻找前行的动力。

总之，患抑郁的人都是在人生的路上被暂时卡住了。得了抑郁症不必大惊小怪，也不能不重视，而要接纳它、面对它并治愈它。对于患有抑郁症以及其他精神科疾病的同学，切勿嘲笑或鄙视他们，应多予以帮助。"送人玫瑰，手有余香"，帮助他人更能让一个人充满阳光和温暖。另外，患有抑郁症的人切勿以自己患了抑郁症为借口来获得家人、教师和同学的额外照顾，这样会使自己形成面对困难就逃避的习惯。

送你一朵坚强的小花花

关于自杀自伤

在谈及青少年自杀自伤这个话题前，先了解一下心理学关于生命本能的研究。

心理学家弗洛伊德认为：人的精神活动的能量来源于本能，本能是推动个体行为的内在动力。人类最基本的本能有两种：一是生的本能，二是死亡本能或攻击本能，分述见表3-4。

表3-4　人类最基本的本能

本能	目的	表现	性质
生的本能（包括性欲本能与个体生存本能）	保持种族的繁衍与个体的生存；建立生命存在的统一体并维护其亲和、聚合、和谐	生存的、发展的和爱欲的本能力量	潜伏于人类生命体中的进取性、建设性和创造性，是一种蓬勃向上的生命活力
死亡本能（或攻击本能，即人类生命中的破坏性、攻击性与自毁性）	与"生的本能"目的对抗，使生机勃勃的有机体最后回归于无生命的无机状态	分解、破坏甚至具有毁灭生命体的力量	潜伏于人类生命体中的消极性、自我毁灭性的冲动和欲望

人类两种本能的关系：相互矛盾的存在，并行不悖，既不互相抵消，也不相互分离与克制。两者随着生命成长的阶段不同而具有不同的力量。在生命的前期生的本能很强，中期基本处于平稳阶段，后期因为已经经历了生命历程的艰难和挫折，生命的力量已经消耗殆尽等，死亡本能渐长，最后带领着生命回归到无机状态，只有在此时，生命不再有焦虑和抑郁；所以，只要生命不息，人的焦虑、抑郁、恐惧、害怕不止，适当的负面情绪也是生命的

标配，也是生命循环代谢的力量之一。

所有生命的最终目标是死亡；死亡本能派生出攻击、破坏、战争等一切毁灭行为。当它转向机体内部时，导致个体的自责，甚至自伤自杀；当它转向外部世界时，导致对他人的攻击、仇恨、谋杀等。

从某种意义上讲，自伤、自残也属于自杀类。因为生命是一趟"单方向行驶的列车"，没有后悔药或是起死回生的药物，特别是青少年，不要随意地、冲动地做一些伤害生命的事情。鉴于在当下有相当多的青少年都采用自伤、自残的方式缓解心理痛苦，采用自杀的方式逃避心理困顿，所以青少年很有必要从心理学角度对自杀、自伤行为做深入的了解。

 一 导致青少年自杀（包括自伤）的原因

本篇话题九中已知导致青少年抑郁发作的各种原因，而相当一部分自杀的青少年是在突发事件发生后做出的冲动行为；少部分患有精神分裂症的患者则是在幻觉支配下可能会做出自杀行为，但有心理学家表示：精神分裂症患者的幻听可能是病理性的，但是其幻听的内容却是和其心理状态相关的。所以，精神分裂症患者的自杀行为，也可纳入可做心理治疗和心理分析的行列。

二 常见采取自杀行为的青少年的性格特点

（1）对于自己或他人要求较高。随着不断长大，人逐渐意识到除了自己之外的所有世事都难以掌控。当人一旦对自己或者他人的期望破灭的时候，自然会产生失落甚至痛苦的感觉，继而有在心里抹杀他们（包括自己）的冲动和欲望。

（2）认知发展局限，格局不大。自杀者往往缺乏发散性思维，看问题片面并容易思维偏执、黏滞，缺乏分析问题、解决问题的灵活性和预见性，容易活在"自己受伤"的感知里，继而以点代面陷入绝望之中。

（3）习惯使用逃避的方式。有些自杀者的家庭有遇到问题就习惯逃避的亲人，甚至家族中三代之内有遇到困难而自杀者，自杀者习得了这种解决问题的方式，实际是传承了其家族的防御模式。如，自杀者模仿去世的亲人自杀，以此与其建立内在的情感连接。

（4）被父母宠溺，争强好胜。这类自杀者往往被父母及长辈宠溺，从小习惯以威胁的方式达到自己的目的，当在外和他人的竞争中采用各种方法却难以达到自己的目的时，就采用自杀这一极端方式达到目的或者欲以自杀惩罚他人。

（5）缺乏来自家庭的心理支持。有的自杀者家庭中有负面情绪严重的长者，这样的家庭难以给自杀者提供疗愈场所和需要的心理支持。

（6）内向、自卑、虚荣心强，不善于表达和抗争。据研究，自杀者中性格内向与较内向的占 95.2%，孤僻的占 52.4%，虚荣心强的占 71.4%。此种人有大量的心理活动，渴望被他人看见、被赞美，却又因为自卑不善于表达自己，在得不到自己想要的结果的情况下忍气吞声，结果更对他人特别是自己失望而走向极端。

（7）多愁善感，缺乏情感的自律和自我管理的能力。情绪管理能力是情商的一部分，也需要自己用心去培养和开发（参考本篇话题九"青少年抑郁发作后的应对措施"）。

（8）缺乏兴趣爱好，责任心强。这类人可能从小就以"考大学""干大事"为目标，没有机会抽身或者忽略了兴趣爱好的培养，责任心强，容易因为事情不能顺利进行，结果不能完美解决而失望，甚至绝望。

三 从心理学角度认识自杀行为

1. 源自人类文明的产物

当人类的生存文明氛围越来越浓烈的时候，人类的一些创造和发明无形中让人容易活在一种人只要努力定能"胜天"，人能把握自己想把握的一切的假象中，特别是青少年，在没有心理准备的情况下偶遇突发事件，虽尽了最大努力也无能为力的时候就会感到很失望乃至绝望。

2. 自杀的实质

人通过基因、血脉的传承使得自己的生命能通过另外一个全新的个体重新开始、延续，并在一代代人的努力下让后代活得更好，以此获得可持续性发展。这是来自生命的本能需求，存在于任何有生命的物种中。所以，对于生命体来说，自杀看似屠杀的是当下的个体，实则是杀害从他们家族传承下来的生命。从这个意义上讲，当一个家族的个体自杀时，他的家族所有人都会十分懊恼和失落，特别是当他的父辈、祖辈还在世的时候，这无疑是对于他们最为直接的心理伤害。

3. 有目的性的自杀往往也得不到自杀者所渴望的结果

有的人自杀的意图是：要以死警醒这个世界上的一些坏人；以死惩罚那些伤害了他的人；以死控诉这个世界上的不公平……虽然，有些人的死亡有可能引起一些社会的动荡，达到自杀者一定的意图，但是，坏人的灵魂并不会因为一个好人的牺牲而得到救赎。每个人的愿望必须由他本人去努力实现才有意义。

4. 自杀者不是英雄

有的孩子说："当我自残的时候，我觉得我很勇敢，我让身体的痛来代替我心灵的无法承受的痛，值得了，因为心里的痛更痛！""我手臂上的划痕都是我痛苦的见证，更是我勇敢的见证。"

有句话这样说："时间可以治愈一切创伤"。如果一个人不能够大方把自己的困苦交付给时间，那他就会一直沉迷其中并与其纠缠。所有创伤的治愈、心理的成长都需要付出代价，需要付出时间、精力、金钱等去学习和疗愈。伤害自己的行为虽然当下能减轻心里的痛苦，但不是心理的成长，引起其痛苦的原因一直还存在，此种行为并非勇敢，而是真正的懦夫行为、懒惰行为。

5. 面对自杀行为的应对方式

面对自杀行为，提倡社会的应对方式有"四不"：不报道、不深挖、不可怜、不纪念。不只面对个体自杀者是如此，处理群体自杀事件更要如此，以免引起群体效应，因为世间的所有困苦，都不是只会单独落在哪一个个体或者群体的头上的。困苦本身就是每个人生活的一部分。面对困苦，就应该直面，去克服，去超越。有的困苦还可能需要一代接一代人不断地去努力，甚至没有止境地去探索。所以，在这个充满困苦的人生中把自己活出幸福的模样才是人生最大的赢家。

6. 自杀行为的欺骗性

面对自杀事件，世人都惋惜，就连自杀者也承认自己不爱惜自己的生命。其实，每个人都有一个独属于自己的"内在自我"。那个内在自我一直被人小心翼翼保护着，并伴随着人的生命成长而越来越被自己清晰看见、尊重和维护。当人感受到心灵受伤的时候，就是那个内在自我的自尊、安全感、价值感、存在的意义感等受到冲击，结果人就会对自己、对他人、对这个世界产生失望感；当看不到希望时更会滋生绝望感，继而内心爆发出很强烈的对自己、对他人甚至对世界的愤怒。自杀，是愤怒所激发的行动，是自杀者以极端的方式终结绝望和愤怒以及由愤怒带来的痛苦。没有经历过困顿，不能算经历了人生。既然苦难也是人世的标配，那么人面对世间任何艰难的时候就应该豁达一些，宽容一些，灵活一些，允许自己去迎接人世间所有的不期而遇。

相信自己生命的力量，它有能力经受人世间所有的不幸。

送你一朵小花花

不能忽视的一种情绪：愤怒

我们常常会因为一些事情，对自己的父母、兄弟姐妹、邻居、朋友、同学、领导甚至社会环境等产生各种各样的愤怒。除此之外，还有一种愤怒是自己对自己的愤怒，这应该是对人体伤害最大的情绪。无论是哪种愤怒，发生后的结局都是生气者自己不快乐，且会对他的身体造成伤害。

一 愤怒对人体造成的伤害

1. 愤怒会对人的整体功能造成伤害

按照人是由"气"组成的理论，愤怒本质上应该是一股带有巨大能量的"气"。它在人体之中不能顺利流动，就像人体内的"恶魔"一样，肆意扰乱，所到之处，正常的人体气机紊乱、脏腑功能受损，按照中医理论：人体是一个统一的整体，局部受损，人体的整体功能就会受到损害。

2. 愤怒伤害人的路径和靶器官

青少年如果对中医的经络理论知识有兴趣可以自学了解，也可以长大后学习中医学去了解。在中医的经络理论中，愤怒进入人体之后是有一定的移动路径的：它会沿着"肝经"进入人的身体，继而影响与"肝经"相关的器官，引起该器官功能的改变，甚至致使器官内气血津液运行不畅，凝而成"痰核"，即现代医学所说的"肿瘤"。也有研究显示：经常生气、抑郁导致的身心疾病如脾胃疾病、甲状腺疾病、乳腺疾病等，其机理是这些负面情绪会影响人的神经内分泌、免疫力等功能。不只严重的"愤怒"，慢性的"不开心"都会对人体产生不可挽回的危害，因为它们消耗的是人的"生"的正能量。

二 处理人内在的"愤怒"的方法

解决问题需要从根源入手，解决"愤怒"的情绪也要从它的源头开始。

1. 孩子生父母的气

（1）世上没有完美的父母。遇到怎样的父母是每个人命运的一部分。与不可改变的命运作对势必会消耗自己生命的能量，最终也达不到自己期望的结果。

（2）每个人都会经历原生家庭在抚养过程中的创伤。所有父母都有其原生家庭带给他们的创伤，比如幼时缺乏陪伴的父母生儿育女后会给自己的孩子太多的关注。另外，父母受制于自己文化、认知的水平也可能会给孩子造成伤害。

（3）父母都是孩子的"人梯"，这是父母的本能部分，也是社会赋予的责任。子女在原生家庭成长后最终要离开，组建自己的家庭，生养自己的后代。孩子没有任何理由埋怨和苛求父母。

（4）父母有教育孩子的责任和义务，但如果父母出现不合理言行的时候，孩子可以予以纠正。

（5）减少父母对孩子造成伤害的最直接的办法就是孩子早点自立自足，减少自己对于原生家庭的依赖。

2. 生同学、朋友的气

（1）从小到大，我们从不缺少同学或朋友。没有人能从根本上改变他人，但是，越优秀的人对他人的影响越大。一个人被人欺侮的时候，首先要明白自己需要进一步强大起来。

（2）每个人的成长都是在他自己特定的环境下进行的，所以，每个人的心理组成和格局都是不同的，因此才有了各式各样的人。优秀的人能影响他人，但没有人能改变他人，要允许他们做自己。

（3）当感知到自己受到伤害的时候，首先要学会保护自己；其次要勇于表达，使用言语或者行为表达你的感受，必要的时候以你认为最好的且合法的方式予以反击。

（4）当依靠自己的力量解决不了时，可以积极寻求各种帮助。

（5）一旦发现自己因为在某方面太过优秀而遭同学嫉恨，继而受到言语和行为方面的伤害时，切勿生气，静下心来，寻找帮助同伴共同进步的机会，这样不但能保护自己，还能让你和周围的同学一起相互促进，共同优秀。

3. 生老师、领导的气

（1）老师、学校领导和父母一样，他们也会有犯错误的时候，比如处理学生之间的矛盾的手段不公平，对待学生有偏好，无意或有意地把他们自己的压力施加于学生等。

（2）如果是学生有错在先，比如作业没完成、成绩差、迟到、被同学投诉等，这时候学生唯一可做的就是把自己管理好。

（3）如果感到老师对自己太过分了，学生也可以勇敢地表达自己的观点，锻炼自己处理事情的能力；若还不能解决问题，可以请家长帮忙和老师沟通。

4. 生社会的气

一般有以下两种情况。

（1）来自家庭有负面情绪的成员的影响。这些成员有长时间不能走出的心理困境，他们往往将原因归咎于在生活中的不公平遭遇等，这些家庭成员需要寻求心理医生的帮助进行心理成长。

（2）来自自己亲历的或者网络信息传播的一些社会负面事件等，必要的时候也需要和心理医生沟通。

5. 生自己的气

如后悔没有好好学习导致考试考砸了，后悔说错话伤害朋友了，没有保管好珍贵的东西将其遗失了，在他人面前做错事觉得丢脸了，看着别的同学有很多自己没有的特长或优势，内心滋生嫉妒进而愤怒。处理这种嫉妒、愤怒的最好的方式就是接纳不完美的自己，之后默默努力，提升自己，直到成为自己想成为的样子。

无论何时，当你生气的时候都应让自己"定"下来，因为"定生静"，"静"下来之后才能进一步"静生慧"；有了智慧，才有可能解决当下的难题。最有效的解决问题的方式是"幽默"，幽默属于人类最高的智慧。

人的情感世界也有一种万有引力，当你把自己变成一个快乐、美好的人时，你周围所有快乐、美好的事物都会被你吸引而来，你会变得越来越美好；而当你充满负能量的时候，你周围所有的负能量都会被吸引而来。所以，一个人要拥有美好的人生，首先就要调控好自己的情绪。

期待每个人都能成为自己期望的幸福的模样。

送你一朵安静的、美美的小花花 🌸

青少年的心理成长

人除了身体成长，还有心理成长。一个人心理的发展包括：人自我意识的发展和人与环境交互作用能力的发展。

著名的心理学家埃里克森根据人各个年龄段的心理发展特点把人的心理发展过程总结为八个阶段，显示每个阶段都有一个独特的发展任务。他认为，每一个阶段的良好发展都会为下一阶段的发展打下基础。如果外在环境有利于个体顺利实现这一发展任务，则人的心理就会健康发展；反之，如果外在环境妨碍了个体实现这一发展任务，则个体就会出现发展危机，造成心理发展停滞或心理发展异常。

（1）婴儿期（0~18个月）：发展个体基本的信任感。这一阶段，尤其是生命的前几个月，婴儿的目标是建立对周围世界的基本信任感。由于婴儿此时能否生存基本依赖于母亲的照料，所以，母亲的怀抱和随时能满足婴儿需要的乳汁对于婴儿的安全感十分重要。只有在婴儿反复地确信母亲能给予他足够的生存条件的时候，他才能安心地活在这个世界上，并在此基础上产生更多的对于探索这个世界的信心和勇气。

很多在这个阶段被母亲忽略或者因母亲外出工作而成为留守儿童的孩子，长大后常表现出自信心不足、胆怯、没有安全感。其自我疗愈就是通过不断地尝试学习、做事并获得成功，逐步感受到自己给自己的安全感。

（2）儿童早期（19个月~3岁）：主要发展的是个体的自主感。这个时期的孩子在经历成长的第一个叛逆期。儿童开始表现出自我控制的需要与倾向，渴望自主并试图自己做一些事情。这个时期，如果父母过于害怕孩子做错事，即使在足够安全的看护下也没有允许孩子自己做决定，那么这个孩子未来可能就会缺少决断性，容易犹豫不决，甚至错失很多人生发展的良机。

这样的孩子长大后疗愈的途径就是锻炼自己的决断能力。其治愈的最佳时机是在自己未来学习或从事的领域里不断成长，一步步提升自己的话语权，最终成为行业的佼佼者。

（3）学前期（4~7岁）：主要是发展主动性。本阶段的危机在于儿童既要保持对活动的热情，又要控制那些会造成危害或可能被禁止的活动。父母在这个时期一方面要激励孩子探索世界的积极性，另一方面要进行规则教育。年少时缺乏自律和做事积极性，将会影响一个人的社会化和遵循规则下的创造性。

如果在这个阶段孩子没有很好的发展，长大后则要十分重视自己的人际关系，防止以个人为中心，关注自己的行为界限。

（4）学龄期（8~12岁）：这个时期主要发展孩子的勤奋特质。如果在小学阶段能成为一位勤奋学习、勤快做事、不懒惰的少年，那么这个孩子未来的人生都会带着这个特质不断进步，积极探索，无论做什么事情都能以勤奋获取成功。

（5）青年期（13~18岁）：此阶段主要是发展个人角色的同一性。即将进入成年人的行列，一个人在社会上活了这么多年，到了这个时期也该对自己有个整体的认识。

图 3-5　青少年自我认知

当图 3-5 的信息都清晰呈现的时候，一个人对自己就有了一个大致的了解。这个时期，肯定自己的优点，根据自己的优点和喜好，在自己所生存的背景之上确定自己未来要走的路至关重要。

这个时期的青少年面临着走出原生家庭，构建自己未来人生的一些基础的人际脉络模式，形成积极适应环境的勤奋模式等一系列挑战，此阶段是凭借诚实、善良、有责任心、有仁爱心等品质打好人格基础的最重要时期，也就是塑造自己这一生是个什么样的人的关键时期。

（6）成年早期（19～25 岁）：发展人与人之间更亲密的关系，找到人生合适的伴侣，减少孤独感。这个阶段是建立在上一个阶段自我认知的同一性之上的。很多人在这个时期谈恋爱会不断地失败，甚至一生都难以走进婚姻，就是因为他对自己没有一个完整的认知，不知道和自己般配的人应该是什么样子的。婚姻是建立在爱情的基础上的，但是，婚姻还涉及两个人的家庭背景，包括家庭经济、观念等的认同和接纳。换个角度讲，18 岁之前，一个人还不能完全了解自己是一个什么样的人时，不建议谈恋爱。

（7）成年期（26～65 岁）：这个时期，个体的主要任务是生儿育女。处于这个时期的人，身体的各方面都达到成熟，也承担起养育孩子的责任与一定的社会责任，工作和人际关系等方面所呈现的能力与之前各个阶段的培养和积累息息相关。

（8）成熟期（66 岁及以上）：此阶段的任务是自我调整和适应。这个时期的人，需要对自己的一生做全面反省，调整心态，适应身体衰老和老年生活。总的来说，对于社会贡献越大的人心理状态越好，这来源于他对自己给予社会奉献的满意和人生积累的精神财富。

以上的八个阶段，并非断然分开，往往过渡不明显，有的甚至贯穿几个时期或者一生。从婴幼儿的努力换取父母的关注，到 18 岁成年时对自己的认知和未来发展方向的调整，再到面对衰老时对自我的认知和接纳，都需要一个人发挥最大的潜能去努力让自己的生命趋向最好的状态。在这个时代，谁有智慧和能力把自己的身心调整到最大限度的健康状态，谁就有可能成为人生的赢家。

从以上八个阶段的分解可以看出，任何环境的交互作用的发展均由两方面组成：一是人际关系的发展，二是适应环境的发展。中学生正处在可以主动发展人际关系模式的阶段，也正处在自信心和环境适应关系密切阶段，这就注定了少年如果希望未来人格发展健全，就必须在青年期全面地发展自己，所以，不只学习重要，锻炼身体重要，更要拿出一定的精力去锻炼自己和他人交往的能力，锻炼自己在面对挫折或重大事件时调整自己适应环境、改变处境的能力。

人生过早经历挫折并不一定是坏事，只需我们以正确的态度去修复这些挫折带来的创伤。修复好后，人会更加坚强和有智慧，也更从容、镇静和有力量。

送你一朵小花花

青春叛逆期

青少年的青春叛逆期开始时间因人而异，且受环境的影响很大，一般14岁时达到高峰、16岁之后强度逐渐减弱。

叛逆期的青少年独立意识和自我意识十分强烈，因为体内能量的迅猛增长，这个时期的青少年吸取知识以及发散性思维能力特别发达，接受新鲜事物的能力也特别强，更希望在自己接触的各个方面体现自我的存在和能力，这被心理学命名为"人格觉醒期"。一般情况下，人格觉醒得越早，人越聪慧，越不服从打压式教育。

青春期的孩子首先觉醒的意识是原来自己一直崇拜的父母竟然有很多的"弊病"，父母是叛逆期孩子觉醒后首先觉知的对象，也是孩子展现自我力量的试金石。但是，为何有些孩子可以顺利度过叛逆期，而有些孩子却过得很艰难呢？心理医生有以下的发现。

一 叛逆期很艰难度过的青少年的父母的特征

（1）在孩子进入叛逆期前父母一直把自己完美化、高大化，仿佛无所不能，没有教育孩子如何看待社会和人，包括自己的父母。孩子进入叛逆期之后父母的高大形象瞬间坍塌。

（2）父亲不敢在孩子面前展示自己的无能。父母在潜意识里会认为一旦被孩子教育，接受孩子的意见和建议后自己会颜面尽失，也害怕让孩子意识到自己的无能后自己再也不能给这个家安全感了，因此对自己和孩子"双标"让孩子反感和失望。

（3）父母的个性问题。不能设身处地地为他人着想，让孩子习得尊重他人的习惯。没有教育孩子除了尊重父母也要尊重他人。

（4）不相信孩子有能力。很多父母都不会对孩子的优秀予以鼓励，相反，总是害怕孩子的缺点会给他们的未来带来阻碍，所以，父母面对孩子时总是有很多焦虑，这与孩子在成长中渴望其优点不断被发现、被挖掘、被肯定、被鼓励的本性相违背，让孩子感到郁闷甚至愤怒。

（5）有的父母太强势。这样的父母能说会道，气场很强，孩子无论在能力上还是口才上都处于下风，难以战胜父母，故他们会以隐匿的方式（消极反抗，如不上学、沉迷电子游戏等）叛逆父母、攻击父母。

二 叛逆期孩子的特征

（1）平时在家被父母忽略，有自己的想法和能力却在家中没有发言权。他们潜意识里积攒了很多的委屈甚至愤怒，直到这个时候觉得自己有能量了才试探着发泄。

（2）随着知识面的增长，原来在他心目中任何完美形象都开始崩塌。孩子的内心被失望充斥但无以发泄，对父母宣泄是最安全的方式。

（3）父母认知有偏差，比较固执甚至偏执，孩子只能以更固执甚至偏执的方式对待父母，最终造成两败俱伤，严重内耗。

（4）有的孩子采用身心疾病、网络成瘾、谈恋爱、反社会行为等方式选择暂时性逃避和自我攻击。

总之，叛逆期的孩子都在尽可能大的努力中寻找一条能让自己更好地感知到自己的力量的道路。冲破父母的管制，他们才能成为更好的自己，所以，叛逆期并不是什么坏孩子的代名词，而是一个孩子成长的最好旗帜。

三 对正处在叛逆期的中学生的建议

（1）保持理智，所有的行为以爱惜自己为出发点。无论自己对自己是否有诸多的不满，对身边的人以及对这个社会有多少的不喜欢，青少年都要保护好自己的身体，保护好自己的梦想。

（2）不要和父母纠缠。①父母的格局都是有限的，而孩子却有无限的发展空间，和有局限的父母内耗，只会两败俱伤。②每个人的人格都由三部分组成：习得父亲的那部分、习得母亲的那部分、自我成长的部分。青少年自我成长的那部分才刚刚成型，力量不足；其他的大多数人格还是来自父母的部分特质。当一个叛逆期的少年全面对抗自己的父母的时候，也在对抗自己，和父母的对抗其实是对抗自己的另一种变异形式，其根本也就是不接纳当下的自己。如果因此而导致情绪不稳定，学习能力和自觉性下降，最终会遭到来自社会的嫌弃，青少年也会不得已和社会规则对抗，促使叛逆期进一步泛化，而这其中最大的受害者还是自己。

（3）远离手机，戒掉网瘾。网瘾也是内耗，消耗年轻人的时间、精力、斗志、意志、身体等，建议不要沉迷于网络。

（4）坚持以长远目标和短期目标为导向。自己的未来只能依靠自己的耕耘去收获。短期目标的不断实现会给你带来实现长远目标的信心和力量。

（5）戒懒惰。把自己的时间排满。相信每一个人在哪方面付出就能在那方面有所收获，幸运总是光顾那些愿意付出的人。

（6）学习调控情绪，拒绝精神疾病。人生的路就是一种爬坡状态，可以休息但是不能退缩。一旦你选择了退缩就可能滑向深渊。

（7）多参加运动。适当参加一些极限运动，如长跑、徒步、冬泳以及参加运动对决赛等，除了学习优秀，这些也是青春期孩子体验自己、感受自己力量的最佳方式。

（8）善于自省，守住红线、底线。如果青春期的孩子能养成每日睡前反省自己的习惯，那么他的未来就一定不可估量。做事有自己的准则，不触碰红线、做人能守住自己的底线，这样的人一生基本不会有无妄之灾。

（9）善于求助。如果实在和父母、老师等都不能和谐相处，应及时求助于身边可以信赖的朋友或者心理医生。如果意识到自己有心理创伤，就要想办法去咨询心理医生了。

四 青少年叛逆期结束标志

（1）心态已经平和，有了自己坚定的人生目标和计划。

（2）已经意识到父母、这个社会永远不可能都如自己所愿，会体谅自己父母的不完美，理解他们、心疼他们，并能立志为了这个社会做出自己的贡献。

（3）懂得自主学习，理解学习的重要性，有需求的时候愿意求助于他人。

（4）能帮助父母做一些力所能及的事情，如为父母做饭菜、为父母庆生等。愿意以一些微小的事情让父母感受到温暖。

（5）积极阳光。会热情主动地和他人交往，愿意在实现自我的同时也能帮助他人。

乔布斯在斯坦福大学毕业典礼上说："我必须尽我所能成为最好的那个自己，我懂得：如果你每天起床后只能根据别人的期望和要求来制定你全天的时间计划，这迟早会让你崩溃。""与此同时，虚假的努力骗不了任何人。去无望之境，寻找希望；在挑战之中，铸就勇气。于独行之途，明晰愿景。独树一帜，不枉此生。" 处于青春期的孩子，如果能尽早顺应自己生命的渴求，一步步守护好自己走在成就自我的道路上，他终将铸就自己辉煌的、无悔的一生。

知识延伸

叛逆期心理的"毒芽"

一个人所经历的心理创伤如果没有得到及时修复，它就会像一颗没有发芽的有毒种子，从此埋藏在此人的生命中，在适当的时候，这些"种子"就会发芽。

叛逆期的孩子意识快速发展，之前所经受的、即使是发生在他们没有完整的意识之前所经受的心理伤害都有可能在这个时候发芽，比如因幼儿时被迫与母亲隔离、父母关系不和经常吵架或打架、幼儿的人身安全曾受到威胁、父母离异或丧失重要亲人、被成年人猥亵或实施其他方式的性侵、小学甚至幼儿园阶段被暴力欺凌等所经历过的伤害，此刻都有可能开始"发芽"：孩子意识到那些事情对于自己的影响，开始委屈、愤怒、失落、失望、悲伤。他们为了宣泄这些自己可能都没有完全意识到情绪的来源，经常和父母吵架、顶嘴，和老师对着干，尝试和同伴做一些冒险的事情，尝试以各种方式冲撞社会规则，以至于家长、老师们谈"叛逆"色变。

叛逆期心理"毒芽"的处理。针对叛逆期的心理创伤，青少年都应尽快约见心理医生，进行心理治疗。心理治疗一定要有医缘，找和自己投缘的心理医生，然后仔细梳理自己的情绪、既往的哪些事件会影响自己的情绪。如果对一些事情怎么处理还不能肯定，也可以试着和心理医生聊；如果思维混乱、情绪复杂，还可以找沙盘游戏师做沙盘游戏治疗，挖掘自己潜意识里的困惑；如果既往有重大的创伤，在和医生聊后还难以痊愈，还可以找擅长催眠的心理医生做进一步的催眠治疗。心理治疗的方式有很多种，可以根据自己的喜好去选择。当然，也可以把这些创伤交付于时间；不是时间能疗愈一切，而是在时间的延伸过程中，人的成熟、成长可能会淡化那些过往的创伤、疗愈自己。

送你人生最香喷喷的花

其他篇

关于人际关系

在人类发展的过程中，人对幸福和关系的需求已经成为人基因的一部分。基于人的身体素质和智慧，人与人之间的合作交往从原始社会就已经开始，人们在彼此协作中获得更大的力量，在彼此分享中得到有利于生存和发展的信息。如今的人们生活中更追求一种归属于中医学理论"天人合一"的人

际相处模式：和谐、舒服、信息共享、谋求共同发展。这样的关系更能增强人的安全感，去除孤独感。青少年在迎接扑面而来的大量知识信息，接受来自社会各个层面的压力的时候，能从人际交往中获得的相互支持和陪伴、协作与认同便显得更为重要。

一 青少年人际交往的重要性主要表现

（1）这个年龄的学生有很多人生的困惑和痛苦，而同龄人更容易彼此了解对方的感受和想法，同学之间更容易获得共情，去除孤独感；在交往的过程中还能相互学习和成长。

（2）青少年正处于性别身份的认同阶段，同性之间的交往可以加强个体性别认同的肯定性。

（3）少年时期异性同学之间的交往可以减少对于同龄异性的陌生感和神秘感，为长大后和异性相处打好基础。

（4）获得更多更广的学习、生活、社会各方面的信息。

（5）青少年刚好也处于内在"自我"苏醒的年纪，和他人建立的人际关系模式，有可能奠定其一生的人际交往模式。

所以，人际关系对于青少年来说，其重要性绝不亚于学习书本知识。

二 人际关系不好的青少年的特征

（1）性格内向。性格形成于母婴阶段。母婴互动少的孩子容易活在自己的内心世界，形成内向的性格，长大后不善于向外表达自己的思想，不能把自己主动融于集体互动中。

（2）自卑。在成长过程中经历了一些来自家庭或社会事件造成的心理创伤，自尊被反复破坏，自信被反复打击，以至于习惯性否定自己，没有信心和他人交往。

（3）学习不好。受制于学习的动力、注意力、智商水平或者其他干扰因素等导致学习成绩差，继而受到同学的欺辱甚至老师的鄙视而导致人际关系不好，此种情况容易形成恶性循环。

（4）性格倔强，对人对事很执着，非黑即白。其性格的形成往往源自其原生家庭中某个人的个性的潜移默化的影响。对他人的要求高、控制欲强、缺乏换位思考的能力，待人接物不灵活而导致人际关系不好。

（5）焦虑、敏感。对于他人对自己的评价很敏感，情绪不稳定，继而容易焦虑，害怕或者躲避社交。主要是在幼儿时期或童年时期未得到关注和保护，潜在的生存担忧已经成为其人格的一部分，使其总是看重他人对自我的评价和接纳。

（6）主动逃避人际交往。因为有长远的学习或人生奋斗目标，或因为太痴迷于某事（如网络游戏）等，不愿意花费时间和精力在人际关系上。

（7）懒惰。不愿意花费时间、精力甚至智慧与他人交往，特别是沉迷网络世界的人，行动力差，容易给自己不好的人际关系找借口。其深层的原因可能是这样的人在其成长过程中没有品尝到被欣赏所带来的愉悦的机会。人际交往中每个人都希望以好的状态和他人相处，越容易获得他人认可和喜欢的人越愿意投身于社交。

三 对于人际关系差的青少年的建议

（1）给家庭关系升温。一个人和父母的关系模式往往是其和他人建立关系模式的基础，为了自己未来的发展，孩子都可利用父母这个"台阶"，试着和他们建立亲密、和谐的关系。

（2）用心和周围的同学建立和谐的同伴关系。这也是锻炼一个人和未来的工作伙伴和谐共处的基础。特别是在宿舍同住，同学之间因为家庭背景的不同更要学会相互包容；在磨合的过程中学会表达；在相处的过程中学会尊重他人、体谅他人；克制懒惰和嫉妒心；提升自己向他人学习的积极性；以开放、大度的心共享一个宿舍小天地。

（3）积攒能量。亚里士多德说："能够长期忍受孤独的，不是野兽，便是神灵"。如果学习上不够优秀，纪律、习惯上不被同学、同伴所接受便要自己下功夫锻炼自己，成为他们能接受的模样。

（4）克服敏感的个性。人没有尽善尽美的完人，努力做好自己即可。好好学习和成长，把自己能承担的事情做好。要顾及团体的利益和他人的感受，但在这个前提下一定要学会取悦自己，以自己点滴的小成就不断滋养自己，自己该做的事情尽力了，是否被别人认可和接纳那是别人的事。

（5）向温暖的人靠拢。这世上就是有那么一些人，他们出生在有爱且温暖的家庭里，从小也把自己活成了一个有温度的人。青少年要学会辨认这样的人，如果自己从这个世界得到的温暖不够，可以向他们靠拢，向他们学习，让自己的生命温暖起来。

（6）以舒适、快乐为导向。良好的人际关系给人的体验是快乐，而快乐是所有生命内在的需求。提高情商的快捷方法是看懂别人的需求并满足对方的需求。诙谐幽默是人的高层次智慧，具有生动性和娱乐性。外向、开朗的人到哪里都会受到欢迎，这是一个良性循环，试着培养自己成为诙谐幽默的"开心果"的能力。

（7）锤炼自己的人格魅力，提高自己的个人影响力。人格是一个人的行为模式、思维模式和情绪反应等的融合体，也是一个人区别于他人的基础。当一个人的行为模式能被大多数人喜欢和接受时，他的思维模式无论是宽度还是广度都能给予他人良好的影响；他的情绪稳定能带给他人愉悦和舒适，这个人就具有很不错的人格魅力，在为人处事中也能如鱼得水。一个人的人格魅力需要靠自己去用心塑造。

（8）增强自己的胆识，勇于呈现自己的优秀。"当你选择了仰视对方，就不要怪别人俯视你。"抓到机会就试着在各种场合敞开心扉，勇于表达自己，克服每个人内在的自卑感、胆怯感，增加自己的胆量。

（9）用心学习人际交往的艺术。①学习说话的艺术。其中包括学习如何向他人表达喜欢或爱的情感，如何赞美、肯定别人的优点和付出，如何表达能获得他人的信任等的艺术。②批评人的艺术。用表达感受代替指责，在批评他人之前先发现并赞扬对方的优点，这种批评更能让对方接受和改变。

（10）学会聆听。在聆听中了解他人，寻找朋友。只有互相接纳、能产生情感和思维共振的人才能成为朋友。友谊是培养出来的，朋友是互动出来的。

（11）做人要有尺度、有底线。任何人的成长都离不开他生存的社会文化背景。中国文化主要受儒家、道家和佛教三大文化体系的影响，它们在人际关系上的观点总结见表4-1。

表4-1　儒家、道家和佛教文化体系对人际关系的态度

文化体系	主要观点	人际关系态度
儒家	"以人为本""以仁治国""以礼处世"	①人与人之间相互尊重并保持距离，有界限和底线；②人要建功立业，格局大烦心事就少
道家	清心寡欲、无为而为	人要亲近自然、淡泊名利、顺其自然，努力而不纠结结局
佛教	因果报应、众生平等	待人以尊重、善良为本

在这种文化背景下，一个人和他人相处要有所敬畏和注意分寸，即要有尺度：①遵守社会规范。②勿在背后议论他人是非，和不喜欢的人保持距离。③做事要清楚自己的底线，也不触碰他人的底线。④保护好自己的隐私，不谈论他人的隐私。⑤以善为本，童叟无欺。⑥知恩图报，待人真诚，

珍惜彼此，尊重自己和他人。⑦不刻意讨好他人，保持自我，顺其自然。⑧不计较，重格局。⑨孝、义、忠，利己利他。

（12）一起运动。特别是组队参加一些竞技性运动，如篮球赛、排球赛、足球赛等比赛类活动，在竞赛中建立的合作和友谊会更加持久和亲密。性格内向、孤僻的学生更应该鼓起勇气参加各种活动，参与次数多了，自然也就融入集体中了。

心理学家阿德勒总结到："人类所有的烦恼，都来自人际关系。"几千年前，我们的祖先已经发现了人要活着就要做到"天人合一"，提醒人要积极主动地适应环境，而非寄希望于环境适应自己。学校、班级、宿舍是青少年除了家庭之外的重要的生存和生活环境，每个人都应积极主动地适应好、维护好这个环境，使其舒适而美好，这不仅能促进学子们以更好心情去学习和进步，还能让人感受到由此而带来的幸福感。

幸福和快乐需要付出，更需要智慧。

送你一朵小花花 🌸

结交朋友

没有参照物就没有认知和定位。人在和他周围世界的互动中才能感受到自己的存在以及自己存在的价值，而这个价值感可以给人更好地活下去的理由。从这个角度讲，人的一生都离不开亲人和伙伴以及他们的认可和接纳。人与亲人的关系属于内部关系，而与伙伴的关系在很大程度上呈现出人所处的外在世界和这个人的关系。如一个伙伴关系很好的人，他的朋友多，他的外在世界的很多信息都会和他产生连接，相反，孤独寂寞的人的外在世界和他就像是隔离状态。

每个人都希望自己有一生的朋友，有友谊长存的朋友，他们是人镜映自己和心理自信不可缺少的部分，也是人确信自己被这个世界接纳的安全感来源。

朋友的概念

朋友是一个人人生道路上的伙伴，可以是长久的，也可以是短暂的。朋友之间是彼此相互认可的，心理相互依赖的，必要时可以相互帮扶的，互为人生中的重要他人的人。正如常言所说："朋友多了路好走。"

怎样才能交到好朋友

（1）结交同龄朋友。可以结交忘年交的朋友，也可以结交网络上的朋友，但是，最为安全同时获益最大的是结交现实中身边的同龄朋友。因为只有通过他们你才能及时、有效地得到来自朋友的"好处"：陪伴和信息交流、相互镜映和了解、最大限度的互助等。

（2）少思多做，要有勇气结交朋友。不要以自己要学习、长得丑、不会说话、家境不好等理由逃避交友。每个人都有自己的优秀之处，要有信心把自己的优秀之处呈现给他人，他人才能向你靠拢，并以他的优点和你的优点达到平衡方能相互欣赏和学习。在交友过程中，越能呈现自己优秀的人越容易获得他人的关注、善待和认可。

（3）结交朋友不一定要全方位和谐。交朋友的目的是让彼此快乐、安全，所以，交朋友可以不是全方位相互接纳的，更多的是大家有某些共同话题、共同爱好，或者有彼此能互补的资源。

（4）结交朋友需要感觉和理智。每个人都有他的成长经历，有他的原生家庭的影响，所以，两个人在很多或者主要的一些观点上存在差异实属正常。有些人你看一眼就认定他能成为你的朋友，有的人你却对他没有感觉，需要长时间的互相了解和磨合才能成为朋友。心仪的人如果不能成为自己的朋友也不用勉强，尊重他人，保持一般的同学友谊就好。

（5）结交朋友需要智慧。主要有以下几方面：①锻炼自己创造快乐的能力。做个自信、快乐、幽默的人，朋友自然会被你吸引而来。②知己知彼。锻炼评估他人能否成为自己的朋友的决断力。③做大度的人。愿意和朋友分享自己喜好的人或事。④学会共情。锻炼自己给他人提供情感支持的能力。⑤学会和寂寞相处。不要以游戏、吸烟、喝酒或者其他伤害自己的方式迎合他人，结交朋友。没有朋友的时候可以提升自己，等待时机。⑥学会包容自己或他人的缺点。⑦假如友谊不能维持，及时断舍离。⑧切勿设想控制你的朋友，每个人都有自己的独立性。⑨交朋友要有自己的底线。⑩要为曾经的朋友保守秘密。

三 结交朋友需要注意的事项

1. 人生的不同阶段有不同的朋友

有些人会成为彼此推心置腹的一辈子的朋友，大部分人却只是擦肩而过的或者一段路途的陪伴者。结交朋友要用心，但是更要顺其自然。"欲戴王冠，必承其重"，要接受人世间不期而遇的悲欢离合，人才能顺利地到达自己人生的彼岸。

2. 处理好朋友之间的"嫉妒"情绪

朋友之间存在着一些微妙的平衡关系。如果一个朋友在某些方面突然变得很优秀，或者自己特别信赖的朋友和他人的关系更亲近了，之前形成的平衡会被打破，人内心会产生嫉妒的情绪实属正常，处理这种嫉妒情绪有以下几种方法。

（1）放下。放下之前和朋友之间的亲密连接，观察新朋友的优秀之处，然后取长补短，使自己变得更优秀，同时试着去结交其他的朋友。

（2）把嫉妒的情绪消化掉。多数情况下，一个人同时可以和不同的人建立平行的朋友关系，这些平行的关系可以是相同的，也可以是不同特质相互吸引的结果，不存在厚此薄彼的情况。每个朋友关系的亲密度和两个人之间的亲密互动程度、开放程度等相关。每个朋友关系的破裂也可能和谁好、谁不好无关，所以，面对自己的一段朋友关系破裂或情谊褪色，可以遗憾，但不必嫉妒、难过。

（3）如果消化不了就化悲痛为力量，埋头苦干，在学习或者其他方面让自己变得更加优秀。嫉妒情绪也未必不是件好事，感受到自己不够优秀而守不住友谊时，还能带给一个人改变自己的力量。是的，你的内心认为自己可以做到更好，那你就追随自己的感知觉努力吧！

（4）接纳自己的嫉妒情绪，但要控制自己不能被嫉妒所吞没，以至于失去理智。以大度之心容许身边的人的优秀程度胜过自己，接受自己的逊色，毕竟"人外有人，天外有天"。

综上所述：一个人不需要因为没有朋友而痛苦，爱惜自己其中的一点，就是不断地问自己内心需要什么，然后去满足自己内心的需求。想要朋友，就想办法结交朋友，尽心尽力了，结果就顺其自然。不要因为交不到朋友而气馁，更不要因为朋友离开而烦恼，因为每个人的大部分朋友也是常常需要更新的；肝胆相照的长久的朋友是可遇而不可求的：生命，需要顺势而为。

人掌握不了生命的长度，但可以把握自己生命的宽度和厚度。厚度主要是自己生命的能量和能力、情感的丰盈度等；宽度包含了亲情、友情、能力的影响度等，这些都是生命本身的需求。为了提高生命的宽度，青少年可以让自己广交朋友，且在交朋友的过程中锻炼自己的大度包容之心：

选择了老实厚道的朋友，就接受他的简单平淡；

选择了有才华的朋友，就接受他的特立独行；

选择了行动力强的朋友，就接受他的偶尔的冲动、粗暴行为；

选择了情感丰富的朋友，就要接受他的多愁善感……

没有十全十美的人，当然没有十全十美的朋友。

祝你的朋友越来越多，长大后朋友遍天下。

送你一朵小花花

格局与潜能

格局是一个人的认知范围，是一个人的认知达到的宽度和高度，包括其对事物的结构、本质以及发展方向的预测程度等心理要素的内在布局。讨论青少年的心理问题的时候，为何会谈及一个人的格局呢？人的格局和人的潜能的发挥有何关系呢？

 格局

表 4-2 是"爱的百分比"的测试，是作者在心理治疗临床工作中对来访者设计的一个小测试。

提问：每个人内心的情感，如爱恨都是无法度量的，但是可以把它量化。假如将你内心的爱无论有多少都量化为 100 分，让你把内心的这 100 分的爱分配出去你将怎么分配，请在以下的格子里填写。请在第一行填写你想要分配的对象；在第二行填写各给他们 100 分里的多少分。

表 4-2　爱的百分比

分配对象				
百分比 /%				

测试对象：心理治疗过程中接触的患有抑郁症、焦虑症的上千例患者及其家属。

结果显示：有 90% 左右的孩子和家长把 100 分的爱全分给了自己的家人；有 80% 左右的人没有分给自己；有 15% 的人分给了家里的宠物或者流浪动物；有 10% 的人愿意分给工作或学习；有 8% 左右的人分给陌生人；有不到 1% 的人，分给国家或民族；有不到 1% 的人，分给野生动物、自然环境。却没有一个人想到把自己的爱分给人类赖以生存的地球或地球上的其他人种。

20世纪70年代初，大人们每天都斗志昂扬地建设社会主义；青少年也都有伟大的目标——做社会主义事业的接班人，实现共产主义。在农村，孩子们在学习之余也学习样板戏，给在田间、地头劳作的父辈表演节目，歌颂伟大的时代和伟大的领袖；有时候还在教师的带领下做力所能及的农活，总之，一切都是为了做好社会主义事业接班人而努力。那时候的人们虽然缺吃少穿，满足生理需求是人们最急切的需求，但是，人们的内心却是喜悦、有期待、有盼头的，很少有抑郁症、焦虑症等精神心理疾病。有期待、有盼头，目标明确，这也算是有格局。无数事实告诉人们：扩大人的格局能有效预防抑郁症、焦虑症的发生。

回头再看20世纪70年代的人们的精神面貌，和当下的人们的精神面貌确有很大的不同。虽然当今人们生存的物质基础相当丰富，但是，更多的人似乎身不由己地被束缚在一个没有力量打开的"魔盒"里面，而这个"魔盒"，就是一种惴惴不安的恐惧，恐惧失去，恐惧得不到，家庭成了人们最为重要的可以抱团的小团体，所以，人们的爱和依恋都趋向于自己的小家庭。以上"爱的百分比"测试清晰地呈现了多数抑郁、焦虑症患者及其家属的格局，不是将自己的命运和精力与自己的民族、国家、人类、自然、地球等紧密连接，而只是看到当下的个人、家庭的利益和发展，如此的格局，怎能让人在面临生存竞争的困难时不抑郁、焦虑、紧张、害怕呢？

二 格局与潜能

笔者曾在和一位中学生探讨"爱的百分比"测试的时候突发奇想，希望他试着替"水稻之父"袁隆平、"人民的好总理"周恩来、民营企业家任正非以及企业家张汝京填写"爱的百分比"测试表，他欣然答应并兴趣盎然地以自己对他们的感知进行填写，结果如下（见表4-3、表4-4、表4-5、表4-6），令笔者震撼的是每个人的那70%。

表 4-3　袁隆平的爱的百分比

分配对象	大米（事业）	国家	人类	家庭	自己
百分比 /%	70	10	10	8	2

表 4-4　周恩来总理的爱的百分比

分配对象	人民	国家发展	战友、亲人
百分比 /%	70	20	10

表 4-5　任正非的爱的百分比

分配对象	民族、国家、事业	员工	亲人
百分比 /%	70	20	10

表 4-6　张汝京的爱的百分比

分配对象	事业	同事	亲人（自己）
百分比 /%	70	20	10

假如他的感知（当然这种感知不是空穴来风）正好和这些名人的分配相符，可以从心理学角度做以下分析。

（1）科学家袁隆平爷爷的分配。因为很多人还吃不饱让他很着急，所以，他一心扑在研究大米的种植上，也许国家、民族、人类这些词没有进入他的意识层面，但是，对人的大爱、怜悯已经深深融入他为之奋斗一生的"大米"事业里。这位中学生之所以特别给了

袁爷爷的家庭 8% 的爱，是因为他看到有报道说袁爷爷的妻子很爱他，很支持他，所以，他猜测他们之间的爱情很美好；他给袁爷爷自己对自己的爱仅2%，是因为他知道袁爷爷爱吹笛子，那是他爱自己的体现。也许，他爱自己、爱亲人，进而怜爱更多人，希望更多的人能活好。

（2）周恩来总理的分配。这种分配令人感叹、感动：越是伟大的人越简单。周总理拥有无与伦比的人格魅力，同时他对自己的同胞有很深沉的爱

和悲悯。所以他义无反顾地把自己奉献给了他的国家、他爱的人民。其实，这是对自己最大的忠诚和爱，而这种爱会被千古传唱，因为知行高度合一，鞠躬尽瘁，所以至高无上，犹如人性的灯塔，直达人心。

（3）华为创始人任正非的分配。现在的中国是一个依靠科技振兴经济、发展国家的时代，他意识到国家的危机，刚好又走在了时代最重要的科技领域，所以，他把事业和国家、民族的命运紧紧地联系起来，奉献了自己70%的精力和爱。员工和他是并肩作战的战友，所以，他也给了他们足够的爱和支持，他们一起为了那70%的爱的内容而奋斗。他还给了他的亲人一部分爱，另外，他把对自己的爱也融入那个70%里了。

（4）张汝京的分配。作为一名中学生，他对半导体技术很是痴迷，他的偶像张汝京号称世界半导体的"战神"。张汝京生于南京，长于台湾，成名于美国，为了完成父亲的遗愿，达成自己的心愿，张汝京放弃大量的金钱诱惑，带领300余位被封为"斯巴达勇士"的世界各地顶尖级半导体专家回到中国，先后建立了芯片制造企业"中芯国际""新昇半导体""青岛芯恩半导体公司"，将中国大陆的芯片技术提高到前所未有的高度。他说他希望将来的自己能像张汝京一样有技术、有胆识、有情怀，因为喜欢沉醉在半导体世界的奥妙，并愿将自己的一生奉献给这项事业，同时，有一群志同道合的朋友一起拼搏，是人生最为幸运的事情，所以，他估算张汝京会把自己70%的爱奉献给自己热爱的事业。

是的，以上四个人一致的70%是最令人震撼的，验证了那句话"一个人的心有多大，舞台就有多大"。当一个人的品性良、气度大的时候，他的心中就不只装载着自己的名利，他的家国情怀甚至是整个人类的未来都是他此生奋斗的目标，这样的人，又怎能不做出一番轰轰烈烈的成就呢？

很多同学因学习成绩差、人际关系不好而抑郁、焦虑，当谈及他们的理想的时候，令人遗憾的是常见这些痛苦的中学生表示自己只有一个理想，就是考取一所好的大学，这样将来就会有一份好的工作，能让自己的父母过上好日子。而他们的父母答复孩子：只是期望他们的孩子将来能过上好日子，能否回报父母不重要。父母的格局就是让孩子过上好日子，孩子的格局里也装不下天下人的利益，一脉相承，这样的孩子又怎能看得见天下众生的困苦呢？怎能像以上的政治家、科学家、企业家那样爆发出潜藏在他们的生命中的巨大能量呢？怎能不为日常经历的一点困难所阻碍呢？

"天下熙熙，皆为利来；天下攘攘，皆为利往。"人的所有行为都具有目的性，但是，当以自我名利为先时，众人识其目的，自会敬而远之，甚或弃之，此乃人性，所以，孔子曰："士不可不弘毅，任重而道远。"一个人，只有做到"己欲立而立人，己欲达而达人"，处处顾及他人的利益和安全，才能获得他人的信任和敬佩，才有可能名利双收。而以他人的利益为先的人，往往自然淡泊名利，身体和灵魂也因此得到自由，生命活在一种舒适的状态。

中医典籍《灵枢·天年》中描述到："血气已和，营卫已通，五脏已成，神气舍心，魂魄毕具，乃成为人"。人，是一个形体、神志和意志相合一的统一整体。在另一篇《灵枢·本脏》中，充分表述了意志、精神和形体一体化的关系："志意和则精神专直，魂魄不散，悔怒不起，五脏不受邪矣"。意思是一个人目标明确，身心一致，则意志坚定，情绪稳定；正气内存则邪不可干；精气神聚而为一，人就可大气凛然，势不可挡，无论做事做人都会散发出人格的魅力，势必能为社会做出重大贡献，实现真正的功成名就。

王阳明说："持志如心痛，一心在痛上，岂有功夫说闲话，管闲事？"一个人的格局越大，越关注天下苍生的疾苦，越不纠缠于世间的烦琐，也才能活出有意义感的人生。

"得天独厚者需替天行道"。如今之青年，都是站在无数先辈的肩膀上获得了足够支持的一代，时代给了你们足够的空间去飞翔，切勿辜负了好条件和好时光。

送你一朵渴望和你一起去远航的小花花

人要活在一定的高度之上

教育的目的就是提高一个人的认知，首先提高人分辨事物的能力，进一步提高分辨是非的能力，同时提高其提出问题、分析问题、解决问题的能力。青少年被认为是人类未来的希望，最主要的是因为他们所接受的教育是站在前人共同积累的物质和文

化起点之上的，所以，人类培育的孩子是一代比一代强的，这也是父母一直希望自己的孩子比自己站得高、走得远、过得好的根本原因。

 人生的第一大陷阱：在还没有能力解决问题的时候愤世嫉俗

刘叉在《偶书》中写道："日出扶桑一丈高，人间万事细如毛。野夫怒见不平处，磨损胸中万古刀。"无论哪个年代，世界都会有很多的不平事。"正气存内，邪不可干"，人的躯体如此，人的认知更是如此。当一个人有足够高的认知水平时，一般的邪恶是征服不了他的，他甚至还有能力影响别人、改变世界。所以，青少年在成长的阶段要尽力地去了解这个世界，但还是要和真实的世界保持一点距离，保护自己，锤炼自己，以备将来厚积薄发，成为人类世界真正的主人。

二 人生的第二大陷阱：探索人性和生命的意义

关于探索人性，专门研究人类心理的心理医生也只能做最浅显的探讨，因为一旦深入探讨这些问题，就好像进到了浩瀚的宇宙空间一样没完没了，永远没有一个绝对正确的答案。正在学习各种知识和技能的青少年还没有足够的精力和知识储备去探索这些属于哲学家所研究的问题，所以，青少年一旦特别关注并试图寻找一个完美答案的时候，就有可能把自己拉进一个无休止的提问、回答、肯定、否定的循环中。关于这些问题，建议每个人找到能促使自己更有希望活好的观点即可，切忌把自己陷入负面情绪。

除了器质性疾病问题所致之外，其他的精神分裂症患者发病的心理机制可能就是由触及人性的潜意识内容所致。比如精神分裂症患者的一大症状就是怀疑有人欲加害自己。从某个角度讲，人类社会就是一个相互竞争的社会，表现在大家都在竞争有限的社会资源，同时也竞争配偶、人脉等各种资源。但是，从另一个角度讲，人又处于一个人依赖人的社会。人互相利用自己的优势与能力为这个社会创造财富，使得所有的人的生活质量、安全度越来越高，人生存的环境、寿命、质量也向好的方向发展。人与人之间以一种可以调剂的张力维持着平衡。而精神分裂症患者选择性地接收了人性的有害一面，其实就是把自己陷入潜意识里的负性内容之中，因为潜意识力量太大，他就再也难以"入世"。所以，人必须在自己的意识领域约束好自己，必须站在一定的高度上维护好自己的意识内容。

三 人生的第三大陷阱：情绪陷阱

抑郁症属于精神科的情绪疾病，除了器质性疾病所致，其发病主要是当一个人面临人生的某些困难的时候，情绪被诱发，滑落到比正常情绪低落的状态导致的。当遇到困难时，战术性躲避不失为一个当下好的选择，但一旦形成习惯，就可能成为做事常态；而且，患者越关注自己心里的不快乐，就越不快乐，甚至严重影响其学习、工作等社会功能。挑战即机遇，所有人生遇到的困境都可能是成就一个人的辉煌的机会，一个情绪上不能自律的人，势必因为其逃避机制失去很多实现自我、超越自我的机会，正如俗话所说："自古英雄多磨难"。

四 人生的第四大陷阱：刨根问底

常常有父母在孩子面前唠叨：他们是爱孩子的，希望孩子好，为了孩子多少年如一日地付出，一心一意地倾尽所有。但另一个真相是所有父母的努力最终也是能让他们自己安心、放心的前提，孩子是父母所爱之人，孩子好，父母自然会感觉良好。但父母对孩子的好究竟是出于对自己好还是对孩子无私的爱？这个问题一旦刨根问底，就像探讨人生的意义或者人性一样无穷尽。同样的问题还有很多，比如朋友间到底有没有真正的友谊，自己到底是好人还是坏人，学校的老师到底是否称得上人类灵魂的工程师，医护人员到底是不是天使，男女间的彼此吸引到底是不是爱情等。好奇、探索精神是人性的一部分，但是，如果过于较真，就会走向偏执。

五 人生的第五大陷阱：临门一脚的停顿

每到开学前，总有一些孩子不愿意上学，各有各的理由：害怕和同学交往，害怕老师或同学不喜欢自己，害怕学习跟不上。思来想去，总是在临近上学的那一刻退缩了。大街上有人摔倒了，很多人的第一反应是去帮忙，但是，因为不好意思或者害怕被讹诈，很多人就是迈不开脚去帮人。看到有校园霸凌事件发生，本想伸张正义但转念又害怕自己受伤，结果是瞬间变怂，自己都看不起自己懦弱的样子，这些都是临门一脚的事。本来读书上学就像成年人上班一样都是必须做的事；面对年老或弱小的人，伸手帮扶或者伸张正义是每个人应有的责任，青少年不但要支撑起这个社会的浩然正气，更要锻炼自己行动的魄力和人格的魅力，若是犹豫，很多机会会瞬间流失。

六 人生的第六大陷阱：和原生家庭纠缠

一个人个性的形成与其原生家庭的教养密切相关。在心理学的精神分析治疗技术中，治愈原生家庭对一个人造成的创伤是来访者成长的第一步。在心理医生的陪伴下，来访者通过对自己原生家庭的梳理进一步了解自己的问题，继而开启治愈之路。但要关注一点：没有一个原生家庭是十全十美的，每个人都会带着原生家庭带给自己的影响走向社会，同时，在他未来的家庭里，他又会给自己的后代带去一些创伤，所以任何时候，人可以通过原生家庭的过往了解自己，但千万不要和原生家庭纠缠，更不要把自己的能力与责任都归咎于原生家庭，而是要把目光盯在如何不断地完善自己，活出精彩。

除了以上六点，人生还有很多陷阱。一旦碰到就必须绕过它们，正所谓"一念执着，万般皆苦。一念放下，便是重生"。人生就是一场戏，所以活着的时候要好好珍惜它，体验它，让心灵轻松自在才能达到最佳的体验效果。

稻盛和夫说："人生的道路都是由心来描绘的。"当你戴着玫瑰花般的滤镜看这个世界的时候，这个世界的所有物品都被蒙上了玫瑰花的美；而当你戴着墨镜来看世界的时候，这个世界的所有物品都被蒙上了灰黑的色彩。愿你活在一定的人生高度之上欣赏这个世界，享受这个人生。

送你一朵来安慰你的小花花

正确的人生道路

　　每个成年人都知道人生很艰难，生活总不是自己想要的样子，自己也总不能成为自己想要的样子。所有父母都不想自己的孩子感受到艰难，竭尽全力地为他们创造无论是物质还是精神上的财富，但令人绝望的是：父母的感受永远不能代替孩子的感受，孩子始终要经历自己的人

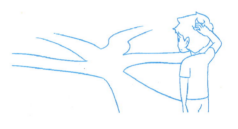

生，收获他们的感受。厘清、隔绝父母的期望和感受，走自己的路是青少年成长的第一步。那接下来的人生里自己该怎么规划才能走上一条有利于自己幸福生活、成长的道路呢？

　　这是个开放性问题，没有确定的答案，但有个共识：人的一生过得好还是不好都是由人的命运决定的。命运由两部分组成：不可控因素和可控因素，前者占大多数份额。不可控因素包括：一个人的家庭背景、遗传因素、个体发育因素、个体成长环境因素、机遇等。唯有决定一个人的命运的个体智商、个体特质因素是可以通过个体的努力而发生改变的，而智商在特质中也是最为重要的一部分，因此，父母都知道，要改变孩子的命运，先从小改变他们的智商开始，其他的优秀特质也需要在孩子成长的过程中慢慢学习和积累。

　　智商有个测量单位叫智力。心理学界认为，智力就是指人类学习和适应环境的能力，包括观察能力、记忆能力、想象能力、思维能力等。智力可以在人为的努力下不断地得以发展和提升。

　　智力测试就是对智力的科学测试。国际上有多种智力测试的方法，目前通用的是韦氏智力测验。以 IQ 来表示智力，统计显示人类 IQ 数值分布如表 4-7。

表 4-7　人类智商分布表

类别	IQ/ 分	占一般人群百分比 /%
极优秀（天才）	140 及以上	0.5
非常优秀（聪明）	130 ~ 139	3
优秀	120 ~ 129	7
中上水平	110 ~ 119	14.5
正常人	90 ~ 109	50
中等偏下	80 ~ 89	14.5
临界状态	70 ~ 79	7
智力缺陷	60 ~ 69	3
智力障碍	60 以下	0.5

表 4-7 显示，受人类的遗传基因、文化背景等因素的影响，79% 的人智力在 80 ~ 119 分的水平范围，其中有 50% 的人智力水平集中在 90 ~ 109 分之间。图 4-1 是人类智商的理论分布图。

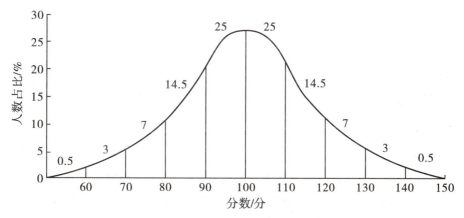

图 4-1　人类智商的理论分布图

综上可知，无论人多么努力，其智商的发展也是有限的，其能改变自己命运的范围也是有限的。大部分曾被父母寄予厚望的人不得不最终清醒地认识到自己就是一个平凡人；而且，随着孩子的一天天长大成人，父母也会最终明白，他们的孩子原本就是普通的凡人。

但是，人还是要从小就努力地学习。学习就是一个启智的过程。若想要比别人更优秀，就要付出超乎他人很多倍的努力。

大学院校是目前人类设置的最高学府。学子们经过十余年的不断学习，跨过一道道考试的门槛，最后进入大学学府深造，接受人类集成的高水平的专业知识的学习或研究。能进入大学学府是所有学生以及他们的父母的期望。但同时，大学院校因为基础设施、专业设置、人员配备等不同，被划分为不同层次的学校，比如，目前中国的大学院校被划分为：①重点大学。②普通本科大学。③职业技术学院；等等。各层次的学校录取主要以学生的高考分数为依据划等级录取，分数越高的学生越容易被重点大学录取。

如今考试分数如此重要，同学之间形成了一种激烈的竞争关系，学子们该如何保持一份从容和淡定呢？

探讨这个问题，可以尝试使用一种替代式的匹配方式阐述：以 IQ 数值和学生能考取的大学做匹配。当然，这个替代的 IQ 数，不是绝对的检验出来的 IQ 数，而是综合了一个人基础智商（基因决定）和这十余年来的努力的总体成果而得到的象征性数字，属大概率匹配，非绝对。

（1）IQ 在 130～140 分之间及 140 分以上的人，是那些轻轻松松学习就能进"双一流"大学的孩子。

（2）IQ 在 120～129 分的人，基本也是重点大学的学生了，他们需要付出一定的努力才能争取到。

（3）110～119 分的孩子基本能考取普通本科大学，为了进重点大学，他们需要做一些努力。

（4）100～109 分的孩子有希望靠自己的努力走进大学的校门。

（5）90～99 分的孩子先争取考上高中进而才有机会考上大学。

（6）90 分以下的孩子有可能一早就把自己定位在职业中学。

再次提醒：此处的 IQ 分数非临床检测的智商分数，数值也不存在正态分布规律。

从上面的推测来看，凡是追求上进的学生，学习都是有压力的。压力来源于希望自己的命运能在努力的基础上走上更高一个台阶。当然，没有压力就没有动力。

考上大学，专心投入专业学习和研究，未来的道路明确，不用考虑生计的问题，前途似乎一片光明。那考不上大学的孩子，人生的道路就一定会很艰难吗？有的作家两次都没有考上大学之后就坚决地放弃了，从而专心从事写作事业。优秀的作家在写作方面有其他优秀的特质，如：情感丰富、心思缜密的遗传基因；有特定的家庭文化背景的熏陶；对文学感兴趣并有意地自我培养、自我激励。集齐以上三点并愿意经历勤恳的笔耕，才有可能成为一位优秀的作家。

有优秀特质的作家走向了作家的道路，她的人生路就走对了。就像有的学生擅长绘画，有的学生擅长跳舞、唱歌、手工艺、体育等一样，他们的常规智商检测水平可能都不是很高，但却在他们擅长的领域能力素质达到优秀或极优秀的水平，对于他们来说，走在能发挥自己天分的道路上，才是正确的人生道路。

当然，大多数人终将如智商检测的结果一样，一生虽勤勤恳恳，也许还能在自己的岗位上如鱼得水，有一定的小成就，但最终还是名不见经传的平凡人。回到本质上来讲，工作、事业首先就是大多数人安身立命的工具而已。一个人，只要他愿意用勤劳、智慧，用耐心、好奇心、爱心、自信心等成功的诸多要素督勉自己，他都会在自己的人生道路上收获属于他的幸福和满足。虽然，优质大学并没有和人的幸福感、满足感有直接的线性关联，但它能带着另外一批优秀的人走向利于他们发展的道路。

有的青少年评估自己的资质和能力之后，认定自己成不了琼瑶，也难以成为袁隆平、任正非，更成为不了周恩来那样伟大的人物，他就选择自己喜欢的两种职业：打游戏或者做网络直播。这两种职业都能赚钱且爽快、自由，这样的选择不可以吗？

当然可以。能把游戏打出赫赫战功的人都很优秀，在记忆力、专注力、反应能力、推断以及预测能力方面的水平都不低，但假如能把这些优秀特质在不但利己、更多利他的领域里充分发挥，相信他定会收获更多人的赞美和敬佩，不但可以得利，更会名利双收。例如长相并不出众却读了万卷书的董宇辉的直播带货，他利用自己的历史、地理、人文知识，在直播带货的同时给人们带来了更多的精神食粮，把直播带货提高到了一个少有人能企及的高度。大格局能让一个人的事业走得更远，知识能让一个人活得更清晰、通透和从容，更加有魅力去影响他人，利于自己。

有的同学很想成就一番事业，为国家和民族做出巨大的贡献，可是评估自己智商平平，学习、兴趣爱好、生活能力各方面都逊于他人，因此对自己的未来很悲观，缺乏活着的意义感和价值感，这种情况该怎么办呢？

曾有人将社会中的各行各业的大师分为两类：技能大师和得道大师。前

者就是在各行各业里能把自己的工作做到极致的大师，这种大师是每个人都可以成为的，只需在自己从事的职业上，通过长期的实践、总结经验、持之以恒地钻研探索而使自己的技能达到至高的水平。得道大师是在技能大师的基础上，把技能与一个人的灵魂、人格合而为一，由术入道，使得技能达到一个出神入化的更为极致的境界。一个人，无论他的智商如何，无论他从事什么职业、身处什么岗位，只要在自己热爱的职业里尽自己的能力用心把事情做好，他都在向大师的方向发展，或者即使达不到大师的水平，也能成为一把好手，以此安身立命、养家糊口，感受人生的价值和幸福。

回头再看人类的智商分布图，只有 0.5% 的人是极优秀，3% 的人非常优秀。社会的进步总需要一些领头羊，但是，最强大的部分还是那一个个普通的劳动者，所以，所有的人都不要妄自菲薄，但都需要尽心尽力。

人生本就短暂，在欲望和现实之间寻找一种平衡，人就不会有走错的路。未来的你可以做科学家，也可以做幼儿园的好阿姨、好叔叔；可以做教授，也可以做和土地打交道的农民、理发店的理发师、饭店的厨师等，无论做什么，让自己生命的花尽情绽放出靓丽的色彩最重要。

记住：所有的人都有一颗向阳的心。无论怎样，都要努力把自己活得美美的。

送你一朵来安慰你的小花花

谈谈电子游戏

1952 年，当我们中华人民共和国刚刚结束了长期的战乱全力以赴重建家园的时候，大洋彼岸的美国人已经开始了电子游戏的研发。电子游戏刚刚兴起的时候，也许人们只是为了消遣、好玩而已，但它不像医学、教育、艺术那样更多的是为了人类的文明而创造。

今天，很多电子游戏成瘾的玩家辩解说："电子游戏可以给人们减压。年轻人学习压力大，可以通过游戏缓解学习压力，减轻焦虑；成年人也能通过电子游戏缓解工作压力。"有的人还希望通过电子游戏竞赛赚钱养家糊口……似乎有些道理，但是，青少年还是需要对电子游戏做更深入的了解。

一 在玩游戏和学习之间，学生应该明确自己的主要任务

学生的首要任务是学习、成长，其他的都是排列在次要位置。如果学习遇到困难，身体和心理成长遇到阻碍，那就要使用所有的力量解决当下的问题，其次才是玩乐、交友、发展兴趣爱好等，这也和马斯洛需求层次理论相符：人年少时需要父母、家庭、社会的支持，长大后也要先工作以安身立命为首要任务，其次才是再谋求其他层次需求的满足。有的孩子遇到学习或交友等方面的困难就逃避，不能利用空闲的时间充分调整自己，转而以玩电子游戏，看手机短视频、电影、电视剧等度日，甚至为了玩游戏和父母斗智斗勇，玩游戏竟成了一种"毒瘾"式的存在。

二 以玩电子游戏的方式缓解人的精神压力作用有限

健康的缓解压力的方式是：体力劳作者可以在适当的时候多看书学习，提高自己精神世界的能量支持；脑力劳作者可以坚持身体锻炼，让身体有能量支撑自己的学习或工作。

三 电子游戏会削弱青少年积极上进的力量

电子游戏能让玩家处于一种轻而易举就能获得成功并不断提高技能的状态，这种成就感是人本能的最高精神层次的需求。但是，青少年现实中的学习要获得成就，就需要付出足够多的努力和长时间的耐心和专注力，而游戏完美地剔除了人们最为不愿接受的耐心锤炼和坚持不懈的过程，让玩家始终有"胜利唾手可得"的快感，继而成瘾。电子游戏中获得的成就感，让青少年心理得到充分的满足，继而削弱了他们通过学习获得进取的动力。

四 玩电子游戏会削弱青少年的注意力和意志力

人都有趋利避害的特质。因为不断有小成就带来的喜悦，玩游戏的人往往难以掌控游戏的时间，特别是青少年的自律能力还没有完全地发展起来，容易沉迷于游戏，大脑会处于持续性的亢奋状态而使大脑处于一种疲惫状态，再转换过来学习复杂的课本知识的时候注意力、记忆力明显受到影响，特别是面临高强度学习的初高中学生。事实证明：沉迷于电子游戏的青少年能在学习上出类拔萃的极少，很多智商极高的学生就因为沉迷于电子游戏影响了学习成绩和升学，大大降低了自己的人生所能达到的高度。

五 一起玩电子游戏并非促进青少年之间建立友谊的最好方式

培根说："喜欢独居的人，不是野兽就是神。"常有青少年抱怨自己的班上或宿舍的同学因为打游戏而抱团，自己反而被同学忽视，于是他无法忍受，最终选择了委屈自己，也加入玩游戏的队伍之中。一起玩电子游戏并不是促进青少年之间建立友谊的最好方式，青少年应该选择更有积极意义的交流方式。

六 沉迷于电子游戏的青少年，需要关注几个问题

（1）一旦电子游戏成瘾，和药物成瘾、毒品成瘾、酒精成瘾等一样，即可诊断为"精神心理疾病患者"。目前，治疗精神疾病的医院内大多开设了这样的"戒断病房"，有系统的诊断、治疗程序。如果青少年发现自己已经身陷游戏之中，并且单靠自己的意志难以戒断，可当机立断住院治疗，相信在自己的努力和在医护人员的支持下，情况一定能得到改变。

（2）一旦痴迷游戏，青少年因为自律性不强容易生活无规律，特别是睡眠时间受影响，锻炼身体的机会减少，两者都会影响其情绪。情绪不良反过来又影响学习和生活，如此形成恶性循环，最终受伤害的还是自己：情绪异常会更加明显，行为会更加紊乱，不但自己痛苦不能自拔，更会为家庭其他成员带来烦恼，使家庭成员间的关系变得紧张。

（3）沉迷电子游戏的青少年要小心自己内在的赌博欲。每款游戏的背后都有一个游戏的开发团队和销售团队，团队的目标是吸引游戏玩家持续性依赖。初入游戏行列，每个人都对自己掌控玩游戏的时间很有信心。在一次次相信自己的自律水平，又一次次掌控游戏时间失败的情况下，青少年的自信心无疑会不知不觉地被消耗。而反复的失败之后再下定决心控制玩游戏时间，这便是一个心志不成熟的表现，这无疑就是赌博。赌博并不是只有涉及金钱方面的赌博，有赌博特质的人有可能在他的事业、婚姻、生活等方面得以隐匿性实施赌博，实施的具体表现是在自己人生的各种事情需要做决定的时候往往草率而为。

（4）沉迷电子游戏者小心自己内在的自虐特质。有些青少年在玩游戏时常常不吃、不喝、不睡、不上学、不交作业，沉醉于游戏带来的片刻成就感，明知道这种行为对自己有百害而无一利，但就是不能戒掉网瘾，在毁坏自己身体的同时消磨自己的理想和未来，这其实是一种自虐行为。

（5）沉迷电子游戏者小心自己内在的讨好特质。有的青少年并不喜欢玩电子游戏，但是为了获取伙伴的接纳而为之，这其实是对自己内在需求的一种背叛。学习是青少年时期最重要的事情，在交友和学习之间选择损害学习的

利益，势必影响一个人的气节和胆量、耐心和意志力，更进一步影响自己的人格魅力和自我满意度、幸福感。

（6）很多青少年沉迷电子游戏源自对其原生家庭的抗拒。当父母日复一日地吵架；当父母任何一方沉迷于工作或者玩乐而不回家，另一个天天满腹牢骚；当父母关系破裂，家庭面临崩解；当孩子如何努力也得不到父亲或者母亲的关注的时候，有的孩子便开始沉迷游戏，不上学读书，身心疾病发作。从某种角度讲，这些孩子把自己"祭奠"给了不和谐的家庭或者自己不成熟的父母。

（7）目前除了电子游戏成瘾，相当多的青少年还沉浸在短视频、二次元角色扮演、言情小说等的成瘾状态中。其形成的原因和造成的危害与电子游戏成瘾类似。

（8）沉迷于电子游戏对于青少年身体的影响。①用眼过度，增加近视的发生率和加深近视程度。②长期固定的体位和颈、肩部肌肉的高度紧张，致使相应的肌肉发育不良、劳损，影响颈肩部血管、神经发育，进一步影响大脑血液供应。

沉迷电子游戏带给青少年的并不都是坏的结果，如在面对自己不能承受的心理困难的时候可以暂时给自己一个躲避的空间，情绪焦虑的时候能让自己安静下来等，但其终归是一种暂时性的选择。最终青少年还是要鼓起勇气想办法面对和解决，才能获得心理的长久安宁。电子游戏更不能成为一个人懒惰、不努力的避风港。

有时候，有些事不能碰就是不能碰，一旦不合时宜地碰了，就要尽快回头并远离。

送你一朵来安慰你的小花花 🌸

关于偷窃

偷窃也是青少年常见的一种行为问题。有偷窃行为的青少年常因此而受到各种心理问题带来的影响，而这些负面情绪又影响着他们的生活与学习的自信心。以下是从心理学角度观察青少年的偷窃行为的相关结果。

 年龄特征

小学阶段最多，少数持续到初、高中。偷窃行为可解释为"未经允许把别人的私有物品偷走据为己有"。占有欲是人类作为高级动物固有的一种特质，也是人类的一种生存本能。人类遵守社会规则的认知和习惯也有一个成长的过程。人在上幼儿园时没有是非观念，占有其他小朋友的东西不存在道德问题；小学之后开始习得社会道德要求，偶尔在校偷窃行为也属正常，学校教育能逐渐让这种行为得以矫正；当进入中学后还有偷窃行为，就会和品行挂钩了，会被他人报复和歧视，中学生自己也会感到痛苦和烦恼。

 与一个人的社会化受阻相关

社会化受阻，是指人已经习得了社会规则的要求，但因某些原因导致其融入人群和遵守社会规则出现了困难而发生行为异常。自律且能形成习惯是社会化成功的标志之一。

三 常见中、小学生偷窃行为形成的原因

（1）大脑发育不全情况下认知发展迟滞的一种表现。此种情况需要就诊儿童精神科，这类患者往往伴有学习困难等。可予以药物、物理疗法及行为疗法进行治疗。

（2）被偷窃的同学有意或无意地炫耀别人没有的物品。其炫耀时呈现的快乐和傲慢会引起他人的嫉妒，促使偷窃行为发生。

（3）偷窃者偷窃他人的物品，会于心中产生一种自我美好感，此并非虚荣，而是以此提高自我价值，主要原因还是其原生家庭的供给不足。偷窃是一种铤而走险的方式，是比较极端的自我安慰和满足法。

（4）有些孩子3岁前和母亲没有产生良好的依恋关系，导致那个阶段的婴儿的心理发展过程缺失，致使他未来人生的一个最主要的任务就是感受自己。偷窃伴随的冒险会给人带来强烈的刺激感，让一个人更能感受到自己的存在，当这种存在感消失之时，偷窃就会再次发生。

（5）有些孩子不善言辞或性格懦弱，自己的东西不愿意和他人分享，也猜测别人不会和自己分享，当他渴望体验或者使用别人的物品时就只能以偷窃来实现。

（6）有的孩子在班级或者宿舍中常被欺负，无力反抗，偷窃就成了他的报复和补偿行为。偷窃多次得手后，可能会成为一种习惯性报复行为。

（7）经常性偷窃的学生常带着侥幸心理，这是一种赌博心态，需要警惕。

（8）有的学生在看到他人的东西想据为己有时，明知道偷窃不对，因此产生痛苦、焦虑情绪，冲动下偷窃后这些情绪便会缓解，此类属于强迫症行为。

四 有偷窃行为的孩子特征

（1）行动力强：当渴望得到不属于自己的物品时敢于行动。

（2）敢于冒险：偷窃需要智慧和技巧。

当学生意识到自己拥有这方面的特质后，能否试着以此规划自己未来的职业生涯呢？有哪些职业能充分发挥这种冒险精神和行动力强的优点呢？

五 青少年如何改变习惯性偷窃行为

（1）与以上分析的原因对号入座，找出解决方法，如果感觉困难就寻求心理医生或者老师的帮助。

（2）产生偷窃欲望时应及时转移注意力。

（3）如果是报复行为，应该勇敢地向欺负者表达自己的感受和不满情绪，必要时请老师或者家长帮忙，扭转被欺辱现状。

（4）努力学习，提高学习成绩，或努力发展其他爱好与特长，以精神的丰富减少对于物质的欲求，管理好自己的欲望，守住一份安心。

六 偷窃事件暴露后怎么办

（1）真诚地向被偷者道歉！虽颜面扫地但"知错能改，善莫大焉"；同时最好还能给予对方以物体价值的加倍赔偿。

（2）偷窃者可能会被批评、被通报、被要求检讨，但自己做错了事就应接受惩罚。

（3）学生只能以成绩赢回自己的尊严，以真诚、友好对待老师和同学。自己做好了，别人是否重新接纳自己那是他们的事情。

（4）和遇到其他的心理困境一样，每个人的背后都有社会支持的力量，他们可能是自己的父母、以往的好朋友、兄弟姐妹、心理医生或者老师等。任何情况下，当心理处于困境的时候不要忘记求助。

七 被人诬陷偷窃该怎么办

被人诬陷偷窃无疑是最令人伤心、委屈甚至愤怒的事。有的学生竟然仿效古人"以死明志"的做法以证清白。这是最为愚蠢的行为！死只能证明一个人不爱惜自己的生命，但绝不能作为证明自己清白的证据。在被人诬陷偷窃的情况下应寻求老师的帮助，必要时报警处理。

八 对于物品被窃的学生的建议

（1）民间自古有财不外露的说法。但在祖辈的庇护下各人能享受的财富却不同，正是这些不同带给人嫉妒或者愤怒。请同学们记住：你所拥有的得天独厚的环境和幸运不是为了凌驾于那些不曾被命运眷顾的人之上的，你可以选择默默享受，也可以去帮助他们，获得一份人世间最真挚的友谊。

（2）作为受害者可以要求对方道歉，但是，当对方已经因为事情暴露而无地自容的时候应该选择原谅。

（3）如果偷窃者没有悔改之心反而嚣张跋扈，建议被窃者请老师或者家长帮助处理。在校内尽量不要把问题扩大化；对于来自校外人员的偷窃行为尽量选择报警处理。

（4）学生时代每个人的财产都是来自父母，无论价值多少都代表着自己父母的一份心意，一旦失窃肯定会很心痛。但如果偷窃者确实有困难可以主动予以帮助，这不但能收获友谊，可能还能挽救一颗失落、自卑的心。

（5）如果是因为自己的原因招致同学以偷窃发泄自己的不满，被窃者就要自我反省了。弱小和无知并不是生存的障碍，傲慢才是。如果因为自己的优势而沾沾自喜、趾高气扬地伤害他人，势必会给他人报复的机会。

总之，世间万物都是身外之物，都是被人们暂时使用。在今天人们的基本生存需求都能满足的情况下锤炼自己，培养真诚待人、坦诚做事等优秀品质应是我们每一个人努力的方向。

送你一朵温柔的小花花

运动与健身

在谈及这个话题前，我们先学习下中医的五行理论，之后在此基础上探讨青少年的运动和健身。

一 五行相生相克

五行相生相克图见图 4-2。

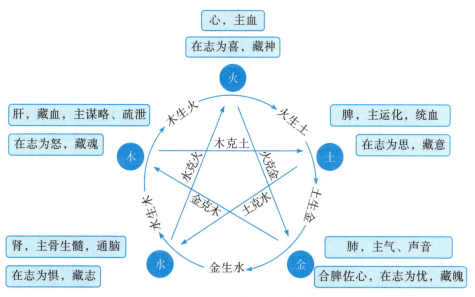

图 4-2　五行相生相克图

中医的"五行学说"总结道：世界是由"木、火、土、金、水"组成的，五者彼此之间存在着一种相生相克的关系，这种关系促进事物的发展变化但又处于一种动态平衡中。人体也是一个小的自然界，其脏腑功能也遵循着这个规律，因相生相克处于一种动态的平衡中。

五脏和五行的对应关系是：脾对土，肺对金，肾对水，肝对木，心对火。脏分别代表着人体的一定功能，有的和现代医学所称的脏功能相同，有的不相同。

二 五行相生相克图解读

相生，含有滋生、促进助长的意思。相克，含有制约、克制和抑制的意思。

五行相生：木生火，火生土，土生金，金生水，水生木。

五行相克：木克土，土克水，水克火，火克金，金克木。

以下，根据五行的相生关系，看看五脏之间的功能关系。

（1）木生火（肝生心）。肝（木）藏血，在五志中藏魂，主谋略、疏泄（人体的气机）；心（火）主血，藏神，在五志中属喜。

一个有魂的人，善于谋略则可疏泄人体气机与血液瘀滞，身心愉悦。人一旦愉悦则眉目有神，生命处于欢喜状态。

（2）火生土（心生脾）。脾（土）主管食物的运输和消化，在五志中属思，藏意（志），主肌肉，统帅血液的运行。

心血足，精气神足，快乐，这样的人吃饭胃口好，身体得到的营养足，人也就有动力和力气做事，也有能力思考问题；饮食好，肌肉生长也好；饮食不好，人也没有精力思考问题。

（3）土生金（脾生肺）。肺（金）主管气、皮肤、声音，五志中属忧，藏魄。脾脏消化、运输功能好，营养好，人的呼吸就有力，说话就声音洪亮，人做事的魄力就大。肺也主管人的皮肤，肺功能好，气行血行也好，表现在皮肤的色泽好；没有魄力做事的人会忧愁。

（4）金生水（肺生肾）。肾（水）主管骨，生髓（骨髓、脊髓），五志中属恐惧，藏人的志向、志气。中医也将生殖功能、先天的体质都归于肾的功能。

肺和肾共同完成人体的水液代谢。一个人的魄力足，就少恐惧，体质好则志气昂扬，志向坚定。

（5）水生木（肾生肝）。志气昂扬、志向坚定之人有至高的精神追求，是为有魂，在此前提下，才会生出谋略；容易动怒，肝气太旺容易导致情绪过激，所以，肝木的主要使命是疏泄。

身体健康主要与五行相生相关，至于五行相克理论同学们可以根据图4-2及以上各脏腑的功能探讨它们的相克关系。

三 中学生运动健身的意义

（1）运动健身能很好地转移或调整目前中学生所遇到的问题：欲望过强，过度地开发大脑的功能而忽视身体功能的开发，以至于身体不能支撑其欲望、意志和毅力。从五行相生来看，每个脏器的功能环环相扣，唯有加强锻炼才能整体调整一个人的生命状态。

（2）运动、健身使一个人的体质更强健。①对身体肌肉、脏腑功能做最大限度的开发。②运动量超过脑力活动量时，可以使精神活动得以充分的休整，未来才能迎接更繁重的脑力运动。③强健的身体带来的自信又促使人向更好的方向发展。

四 中学生健身的前提

（1）吃好饭。中学生身体生长快，需要的食物种类、数量、质量要求高。一日三餐根据体力以及脑力劳动的强度搭配好蛋白质、维生素、糖类才能为身体提供保障。

（2）睡好觉。白天"养阳"、晚上"养阴"，"阴平阳秘，精神乃至"。一般情况下，初中生每天睡眠时间为9小时左右，高中生每天睡眠时间为8小时左右。

（3）精神压力越大，越要经常性地向身体表达关注和感谢。当身体运动时人体机能会被充分调动，机体新陈代谢快，精神、身体都得到了放松，此时可以感受并关注下身体的愉悦感；当精神紧张时，身体也同步紧张，这时多予以自我安慰和感恩，使其放松，心神与身体合一能大大提高自我满足感和幸福感。

五 健身和心理健康的关系

（1）保持健康强壮的体魄能使自己自律且优秀，还会获得更多人的接纳和喜欢。

（2）越早健身越显示了本人的行动力和大格局，会获得他人的信赖和支持。

（3）多锻炼，由于体内分泌的多巴胺，人会更阳光、开朗、有活力，易讨人喜欢，人际关系好。

（4）健身让人更有人格魅力：男性更坚强坚韧；女性更加温和，柔韧性增加。

（5）能坚持健身的人，善于开发自我身体的能量，更愿意接受外界的挑战，创新的动力增强了，更容易做团队的领头人。

（6）长期健身的人习惯展现自己的强壮和美感，在面临着人生重大考验时更乐于展现自己的优秀。

（7）健身的人容易做事事半功倍。运动能锻炼大脑细胞步调一致地发挥其功能，这样会增加其专注性，进而容易获得成功。

六 健身和减肥

肥胖不但和人种、家族遗传的基因相关，还和一个人的心理因素相关，主要有以下两种情况。

（1）所谓的"吃货"。很爱惜自己，很喜欢享受美食，遇到味道好的食品不注意节食，结果导致肥胖。

（2）非正常性肥胖。这些人生存的支持系统不够强大，通过过度进食使自己变得强壮，以弥补内在的软弱与无力感。这个过程往往只在潜意识起作用，自己却意识不到。当意识到自己需要瘦身时，往往"三天打鱼，两天晒网"。但只要其坚持健身，由此带来的外在力量能增加其内在自信，使其身心得到治愈。

与之相反的是过度减肥、患厌食症的人。这些人对自己的体型要求很苛刻，但实质上其潜意识是过于重视外表，而拒绝进食。

很多人都有个共识："无热血，不青春。"是的，年轻人就应该做一些让自己的生命更有爆发力的事情。运动健康是最直接的感受生命的力量并感受到生命美好的事情。孟子说："吾善养吾浩然之气……则塞于天地之间"。

送你一朵生机勃勃正在绽放的花朵

中学生校外人身安全问题

中学生的校外人身安全问题主要包括来自自然界的伤害和人为的伤害。前者的预防和应对参照《中小学公共安全教育指导纲要》；后者主要有：交通意外、非校内社交所致的人为伤害等。

一 交通意外

在我国，发生交通意外而导致人员伤亡的事件每天都有，数字惊人，据报道，2022年我国交通事故死亡人数为 61 703 人，平均每天 169 人；交通事故受伤人数为 250 723 人，平均每天 686 人。除了一些不可控的车辆、道路原因外，还有人为方面的因素。主要表现在以下几个方面。

（1）司机的侥幸心理。遵守交通规则是人的素质的一部分。父母爱孩子从保全他的性命开始，从小就要严格要求孩子遵守交通规则，长大后，人要自己承担这部分责任。"心存侥幸，必遭祸殃；漠视规则，必有代价；心存敬畏，方得始终。"这都是经验和血的教训得出的人生经验。

 知识延伸

潜意识的自杀、谋杀倾向

潜意识的自杀、谋杀倾向是指有的人虽然没有意识到自己有自杀、谋杀的倾向，但是，他的内心里因为某种原因已经有了自杀或者伤害他人的欲望，继而在潜意识的带动下引起车祸。如在开车的过程中，他明知道疲劳驾驶、注意力不集中、超速开车等行为有可能导致车祸的发生，但他还是抱着侥幸心理去这样做，这其实已经把自己或者他人放在一种危险的境地了。

（2）司机的意识或潜意识的自杀、谋杀行为。①国家要明文禁止有幻觉、妄想等精神疾病患者开车，家属为了亲人的安康也要阻止这样的人开车。除了迫不得已的突发事件外，在意识或者潜意识作用下引起车祸，不但让自己同时也会让他人失去生命，这是一种扩大性自杀或谋杀的行为。乘客一旦发现司机情绪不稳定，要尽快下车远离。司机觉察到自己情绪不稳定时也尽量不要开车。②在乘坐交通工具的时候，切勿使用刺激性言语影响司机的情绪，这会激发司机的莽撞、冒险行为而导致车祸事件的发生。

（3）疲劳驾驶、司机的注意力不够集中等。除了潜意识的自杀、谋杀外，有的人因为某些原因疲劳驾驶，或者因为其他原因等注意力不集中，导致车祸发生。

（4）与行人的大意相关。有的行人抱有侥幸心理、不够重视安全而注意力不够集中等导致车祸发生，这与隐匿性自杀念头相关。

注意：因为中学生注意力还没有充分地发育完善，所以一定要在遵守交通规则的基础上，注意来往车辆，同时养成在马路上行走时不看手机的习惯，切勿把自己的生命安全寄托在他人的自觉自律上。

二 非校内社交所致的人为伤害

非校内社交所致的人为伤害主要包括网络交友、陌生人、网贷、出入特殊场所等可能带来的伤害。

（1）网络交友。首先，要注意容易被网络交友伤害的孩子一般有以下特征：①和父母关系不好，得到的家庭温暖不够。②不善于表达，同学间社交有障碍，没有良好的同伴关系。③在学校以及家庭得不到认可。④有一定的冒险精神，但对自我力量的认识不足。⑤把网络交友作为逃避学习困难、缓解压力的一种方式。⑥小时候缺乏父母的规则教育，没有形成自律的习惯。

这些青少年潜意识里知道校外社交有一定的风险，但还是抱着侥幸、好奇心理去交友，结果被一些图谋不轨之人利用其对危险意识不足的情况，采用花言巧语和物质利诱等方式把青少年带入危险境地，致使意外发生。

其次，小心网络交友的一些圈套。常见的是PUA模式。PUA全称"Pick-up Artist"，原意是指"搭讪艺术家"，是专为提高男性情商设置的一套系统化流程，即通过学习、实践并不断更新、提升、完善男性情商的行为工程，后转变为一种处心积虑、有计划、有步骤地针对女性进行"情感虐待"，进而满足私欲的卑劣手段。主要是通过言语否定、精神打击、情感勒索等方式造成被PUA者的自我怀疑，失去自信心和自尊心，进而出现认知扭曲，产生强烈的自卑、自责情绪，从而失去自我判断的能力，对实行PUA者言听计从。和一个人相处的过程中出现这五种迹象的时候，女孩们应该警惕自己的感情可能正在被PUA：①会努力取悦对方。②开始变得小心翼翼。③经常陷入自我怀疑。④合理化对方的不合理要求。⑤会对自己的软弱感到失望。

在校的学生，学习花费了大多数时间和精力，终究是因为经历少而难以分辨出已经走向社会的"好人"和"坏人"。为了保护自己，建议青少年尽量不要在网络上交友！

（2）陌生人。和陌生人相处的基础是要了解自己和他人，也就是了解包括自己在内的人性和彼此的能量、能力。首先，要了解自己：①非天使，没有超能量或者超能力。②也非绝对的善良。③情商、智商在普通人的水平。④拥有可能坚韧但却绝对脆弱的生命。其次，了解人性：①心包包裹下的心脏看不透，很复杂。②所有的善良都是在社会规则的约束下才能成为可能。③再善良的人在特定的情况下也可能会成为"恶魔"。④导致人转变为"恶魔"的因素，往往在生理需求层次上。再次，青少年在了解自己和了解人性的基础上要注意：①未成年人在任何时候都要避免让自己和一个陌生人在密闭的空间里相处，特别是女孩；男孩子也要注意。②如果不得已要和一个陌生人相处，应尽快和对方沟通、了解或保持距离，评估自己的安全度，悄悄地做好自己安全的保护工作。③要谨记无论男孩女孩，在任何危险面前，人的生命是排在第一位的。

（3）网贷。校园网贷多数涉及的是在校学生。学生网贷的原因及结局如下：①陷入同学之间的彼此攀比，因家庭的经济支撑不起自己的物质欲望而铤而走险。结局：读书没有目标性；容易形成空心病；做事缺乏理性，未来的事业难以达及辉煌。②家庭经济困难，需要较大金额的消费时不愿意给父母过多的经济压力。结局：事与愿违，可能会带来更大的经济困难，做事缺乏理性及计划性，也影响未来事业发展。③家庭经济条件好，但父母要求严格，潜意识是对父母管教严格的一种隐形的攻击。结局：是一种隐匿的叛逆，可能与其因父母强势而没有顺利度过叛逆期相关，明知暴风雨在后仍率性而为也是对自我的一种隐匿攻击。

作为学生，由于涉世未深，建议不要和校外的任何团体或者个人有经济往来。任何社会形式的团体都是以获利为目的的。冲动之下的行为，有可能导致某天不能承担网贷的后果时，把自己陷入危险的境地。

（4）出入特殊场所。因为好奇，也为了彰显自己的叛逆，有的孩子禁不住诱惑进入到一些特殊的、鱼龙混杂的场所，这样很容易主动或被动地将自己放在不安全的位置。

以上有些观点是和我们的主流文化相违背的。中国的文化以大公无私、奉献自己为荣耀，但是，就如飞机上有危险时父母要先戴好氧气面罩再照顾孩子一样，在面对危难之时，我们更需要理智、智慧地去解决问题。另外，在中国的文化里"义"大过"天"，当然也大过命。这世界要有大家都认可的是非观、正义的力量，只有这样，人类才能以正能量的方式传承发展。

愿平安吉祥永远伴随着你。

知识延伸

关于性侵的话题

（1）男孩、女孩都可能被性侵。

（2）一个还不懂事的幼小的孩子被性侵或被猥亵，长大之后有一天意识到自己曾经被侵害，如果知道那个人是谁，即使没有证据，也最好把情况告诉自己的父母，通过他们给予对方警告或者惩戒。

（3）受害方年满14岁之前，无论受害方是否愿意发生的性侵行为都是犯罪，受害方应保留证据，监护人或受害方可以寻求法律保护。

（4）如果恋爱中（18岁之前的恋爱都是早恋）恋人有发生性关系的欲望，只要自己不愿意，就算对方以分手威胁或者暴力手段强迫自己与其发生性关系，也可以保留证据将其告上法庭。

（5）被性侵方无论是通过民间协商还是法律途径解决都应保护好自己。

（6）被性侵后最好尽快去当地医院做相关的传染性性病的排查，并寻求法律保护。

（7）预防性侵。①任何时候，不要把自己单独放在危险的环境之中，比如女孩子一个人去陌生的地方旅游、一个人走夜路、和一个不可靠的男子单独待在同一个空间等。与人相处过程中要有自己的底线，必要的时候表明自己的底线。男孩子也一样。②重要提醒：无论何时，无论多大年龄，都不要把自己的私密相片或者最隐私的秘密交付给任何人！以免把未来的自己置于一个十分困窘的境地。

送你一朵来安慰你的小花花

浅谈中国人的信仰和传统文化

一 关于信仰

信仰是指人自发对某种思想或追求的信奉敬仰；它指导着人们的生存方式，给人以精神的慰藉。每个民族有每个民族的信仰，其信仰把人们紧密地团结起来以更好地生存和发展。

纵观中国的发展历史可以发现，中国人的信仰主要是信奉人的力量、智慧和信奉大自然的力量，主要体现在以下几个方面。

（1）信奉"民以食为天"。中国人的信仰首先与生存相关。这与马斯洛需求层次理论——生理需求相呼应。

（2）信奉大自然的力量。在大自然面前，人是很弱小的，人必须按照大自然的规律约束自己的行为，做到"天人合一"才能够生存。

（3）信奉人的力量。古老神话鼓励人们去和自然做斗争以获得生存的机会和过上幸福生活。

（4）信奉团体的力量。人们更要团结、相互关心和扶持，才能和谐发展。

二 中国传统文化的三大体系概述

1. 儒家

儒家是孔子创立、孟子发展、荀子集其大成的学术流派，又称儒学、儒教、孔孟思想、孔儒思想，是起源于中国并流传及影响至其他地区的文化主流思想，以仁、恕、诚、孝为核心价值观，着重君子的品德修养，强调仁与礼相辅相成。其比较著名的观点有：对待长辈要尊敬尊重；朋友之间要言而有信；为官者要清廉爱民；做人要有自知之明，尽分内事；人要有抱负且有毅力。

儒家思想重视五伦，以忠、孝、悌、忍、善为"五伦"关系准则，提倡教化和仁政，抨击暴政，力图重建礼乐秩序，移风易俗，富于入世理想与人文主义精神。这和心理治疗的家庭治疗体系中，每个人都要在其个人的位置上承担好自己要承担的责任是一致的。

2. 道家

道家最早追溯到春秋战国时期，其代表人物有：老子、庄子、列子等。道家用"道"来探究自然、社会、人生之间的关系，提倡"道法自然""无为而治"，与自然和谐相处；"无为、不争"，也是老子对君王的告诫，指君主不与民争。

人要以自然的态度对待自然，对待他人，对待自我，鼓励人们"去甚，去奢，去泰"，这是中国文化数千年来对于人们的忠告，同样适用于今日中国少年。

（1）去甚。学生时代，并非"万般皆下品，唯有读书高"，健康身体与学习并列第一，同时，还需要学习如何接人待物、与他人打交道，"识大体、顾大局"；如何应对各种突如其来的意外；如何更好地爱自己、爱他人等。另外，在上学的年纪却沉迷于电子游戏或其他的游戏之中，因为一些人世间可能大多数人都会遭遇的创伤而让自己陷入负面情绪的泥坑里等，都是行为、情绪等方面的"甚"，需要调节其"度"，才能顺利地走好人生路。

（2）去奢。主要是针对物质享受。丰富的物质享受并不能和幸福画等号。物质享受只隶属于生活需求，而幸福感是精神世界的感知，主要来源于生理需求、安全需求满足之后的"被爱、被接纳、被尊重、自我实现和自我超越"带给自己的自我满意感；而后者的实现，必须摆脱对前两者的过度追求，也就是有力量做到自我节制。

（3）去泰。学生时代如果不努力打好知识基础，不培养勤快、爱劳动的习惯，长大后还想拥有精彩的人生基本是不可能的。生命可以如静静的湖水般波澜不惊，也可以如夏花般尽情绽放，但唯有舍弃安逸，持之以恒地滋养它、开发它，才能发掘出它巨大的潜能。

3. 佛教

佛教是与基督教、伊斯兰教并称的世界三大宗教之一。

中国佛教的特色为大小乘并存，显宗密宗同在；汉族居住地主要以信奉大众部佛教为主，中国西南部的云南则是传承着与泰国一样的上座部佛教，中国西北部地区少数民族则主要信奉密传佛教。无论哪种佛教，其思想的精髓皆为"诸恶莫作，众善奉行"。

圣人先贤已经总结出"修身齐家治国平天下"的信条以培养人们的家国情怀。家国从来不可分割，家庭是国家的最小单位，国家则是家庭稳定的宏观保障。把中华民族的儿女凝聚在一起，无论这个民族内部有多大的矛盾，一旦有外敌入侵，整个民族都会爆发出前所未有的凝聚力，所以，每一位青少年都要以民族大任为己任，立足小家，放眼国家，只有建设好自己的国家，小家才能兴旺；照顾好自己的小家，国家才能昌盛。

知识延伸

中医与传统文化

（1）传统中医经过几千年的发展，已经形成了自己丰富的理论体系和诊治体系，这主要得益于从中国传统文化中汲取的诸多思想理论的精髓。上古的原始论道，春秋战国时期的道家思想，汉魏时期形成的道教都在不同层面上对中医理论的形成产生了深远的影响。

（2）对中医影响最大的要数道教的思想。其倡导的整体的、系统的和辩证的思维方式让中医在整体观、系统观、辨证论治、三因理论方面，为中华民族的繁衍昌盛做出了巨大的贡献。

（3）道家的"无为、不争"，"去甚，去奢，去泰"也同样被应用于中医学的辨证论治之中。这些思想观点与人的心理健康息息相关，也与现代心理学的诸多观点相通，有助于调整人的身心健康。

所以，中医的实质就是在中国古代哲学的基础上发展出来的人体的哲学。

送你一朵来安慰你的小花花

做一个伟大而真诚的平凡人

　　家庭里的孩子最终都要离开生养自己的父母，自己决定要成为怎样的人。在人格上，人生而平等，但在精神上，人却有尊贵和贫穷之分。

　　精神贫穷的人，缺乏生存的安全感，对物质的获得和享受有强烈的欲望，甚至为此敢于捅破社会的红线；而精神富有的人不贪、不奢、有尊严、有底线，不会因为个人利益的得失而扰乱心神，更不会为了争抢利益而不择手段。

　　精神富有的人，对世人怀有悲悯之心，以爱、真诚、善良对待万事万物，包括受制于人类的发展而失去自由的弱小动物，这种悲悯对于生命来说有滋养的作用；而精神贫穷的人在追求生存需求的过程中，会让精神处于耗竭的状态，只能以物质享受的不断填充安抚空虚的灵魂，但总是没有尽头。

　　精神富有的人，不是看不见人世间的黑暗和人性恶的一面，而是即使无能为力，也要尽自己的微薄之力去承担责任，惩恶扬善，并且敢于直面敌人，捍卫自己的尊严、民族的尊严、国家的尊严，他们常活在一种自我感动和自我激励的状态；而精神贫穷的人总是因为怕吃亏而不敢承担社会大任，难以让其生命发出耀眼的光芒。

　　精神富有的人和精神贫穷的人，都可以做到高度自律、克己，但前者更能始终坚持自己的纯洁性和真诚的特质，始终给予世界以感恩和柔情，就如

《孟子·滕文公下》所述："居天下之广居，立天下之正位，行天下之大道。得志，与民由之；不得志，独行其道。富贵不能淫，贫贱不能移，威武不能屈，此之谓大丈夫"；而精神贫穷的人的自律和克己，是由于他们有太多的恐惧，害怕失去所爱之人、所占之物。

复旦大学哲学系陈果老师称精神高贵之人为"伟大的人"！她说："每个人都可以做'伟大的人'。"

这里所指"伟大的人"，首先是活在当下的人。他们的心里装着的不只是他自己、他的亲人，还装着他的国家、民族甚至全人类与地球上所有的生灵的命运。他"出淤泥而不染"，阳光、正直，一心向上，就像人世间移动的暖阳，心里有爱，眼里有光，言谈举止间散发着人格的光芒，自带抚慰人类心灵的气场。

伟大的人在努力经营自己的幸福生活的同时，也愿意为了他人的幸福殚精竭虑，鞠躬尽瘁。

伟大的人真诚地和自己相处，接受人固有的孤独、各种不完美，也真诚地接受这个世界的各种缺陷。他情绪稳定，处变不惊，专心致志，所以才能在自己喜欢或擅长的领域出类拔萃，傲视群雄，成为行业的领军人物。

愿所有的青少年都能把自己的生命活成灿烂而幸福的模样。顺应自己生命的节律，奏出属于自己的独特的人生乐章。

相信所有的生命，都有成就自己和他人的能力。

相信所有的生命，都是世间难得的出现和遇见。